# French Wit and Wisdom
## A Look at Life by Great French Writers

(English-French texts)

Arranged
By
DANIEL HIGBY

Collected and Translated
By
JOSEPH PALMERI

Higby Publishing, Scottsdale, Arizona, USA

Library of Congress Catalog Card Number: 63-21598
ISBN : 0-9661843-0-0
Printed by
Higby Publishing, Scottsdale, Arizona
www.frenchwitandwisdom.com

# Contents

*Page*

# Preface

The French mind and the French language lend themselves admirably to pithy expressions. From the beginning of French literature, almost all writers of note have written concise, general thoughts on life and its various manifestations and complexities. A few have written books of maxims, and a great many have scattered maxims in their books.

*French Wit and Wisdom* is a collection of about 650 thoughts—mostly maxims and aphorisms—from great or noted French writers of all times on a multitude of subjects, from social problems to individual behavior. Some of them were taken from books of Maxims and Thoughts. Others were extracted from notebooks, fiction, biography, plays, essays, poetry, etc. Each quotation is an independent unit expressing a universal idea, a psychological thought, a flash of wit, or an interesting comment on men, women, life, love, money, liberty, government, politics, education, the arts, etc. In general, all quotations are thoughts typical of the authors quoted and the authors are representative of French thinking. There are only a dozen exceptions to this, and they are clearly identified: in quotations taken from fiction or plays, we have indicated the speaker if we could not be sure that the thought expressed by the speaker is also that of the author. Most of the quotations are thought-provoking and entertaining, some are humorous, others witty, keen, clever, or sharp.

Writers of maxims and general comments on life are intelligent people who are aware of the limitations of generalizations. Knowing that each human being is literally unique, they realize that, with notable exceptions, no maxim or general thought is applicable to all cases. They would therefore be disappointed if their generalizations were taken for unfailing truths. Even those of them who speak in a "tone" of authority would not claim infallibility, and it is with this in mind that we offer *French Wit and Wisdom* to our readers.

The book combines entertainment and mental stimulation. For maximum enjoyment it should be read slowly, *à la* Jules Renard. This famous humorist, whom we have quoted many times in these pages, liked to read "as a hen drinks, raising the head frequently to drink it in."

I wish to thank my esteemed colleagues, Max Aprile, Lester W. J. Seifert, and R. Johnson Watts for their critical comments and valuable suggestions.

NOTE ON THE TRANSLATION: The translation was kept as close to the original as readability permitted. Although a serious effort was made to grasp and express the intended meaning of each thought, no claim is made here of having given the only possible translation in each case.

JOSEPH PALMERI

# *Acknowledgments*

Permission to use copyrighted materials is hereby gratefully acknowledged:

To Madame André Siegfried for permission to use extracts from her late husband's LA FONTAINE: MACHIAVEL FRANÇAIS.

To Paul Géraldy for permission to use extracts from L'HOMME ET L'AMOUR.

To André Malraux for permission to use extracts from LES NOYERS DE L'ALTENBURG.

To Bollingen Foundation for permission to use extracts from Paul Valéry's MAUVAISES PENSEES ET AUTRES, MELANGE, and TEL QUEL.

To Calmann-Lévy for permission to use extracts from Anatole France's LES IDÉES DE JEROME COIGNARD.

To Doubleday & Company, Inc. for permission to use extracts from Henri Bergson's LE RIRE, Valéry Larbaud's A. 0. BARNA-BOOTH, and André Malraux's LES VOIX DU SILENCE.

To Librairie Ernest Flammarion for permission to use extracts from Léon Daudet's LA FEMME ET L'AMOUR, François Mauriac's LE NOUVEAU BLOCNOTES, and Jules Romains' SITUATION DE LA TERRE.

To Editions Gallimard for permission to use extracts from Alain's DEFINITIONS, LES PASSIONS ET LA SAGESSE, and PROPOS; J.-C. Brisville's CAMUS; René Char's FEUILLETS D'HYPNOS; Paul Claudel's POSITIONS ET PROPOSITIONS; Albert Camus' DISCOURS DE SUEDE; Jean Duvignaud's ARLAND; Bernard de Fallois' SIMENON; Jean Guéhenno's AVENTURES DE L'ESPRIT, and VOYAGES; Henry de Montherland's CARNETS, MORS ET VITA, SERVICE INUTILE, and TEXTES SOUS UNE OCCUPATION; Henri Perruchot's MONTHERLANT; Marcel Proust's A LA RECHERCHE DU TEMPS PERDU; Armand Salacrou's THEATRE; Antoine de Saint-Exupéry's CARNETS;

and Paul Valéry's REGARDS SUR LE MONDE ACTUEL.

To Editions Bernard Grasset for permission to use extracts from Jacques Chardonne's EVA; Christine Garnier's L'HOMME ET SON PERSONNAGE; Jean Guéhenno's SUR LE CHEMIN DES HOMMES; Marcel Jouhandeau's REFLEXIONS SUR LA VIEILLESSE ET LA MORT; François Mauriac's LE JEUNE HOMME, and LE ROMANCIER ET SES PERSONNAGES; and André Maurois' LA CONVERSATION.

To Librairie Hachette for permission to use extracts from Paul Géraldy's L'HOMME ET L'AMOUR, and André Siegfried's ASPECTS DU VINGTIEME SIECLE.

To Editions Javal for permission to use extracts from Paul Léon's MEMOIRES DU PRINCE DE TALLEYRAND.

To Editions Albin Michel for permission to use extracts from Jacques Chardonne's ATTACHEMENTS, and LE CIEL DANS LA FENETRE; François Curel's LA NOUVELLE IDOLE, and Romain Rolland's VOYAGE INTERIEUR.

To Librarie Maloine for permission to use extracts from Pierre Janet's L'AMOUR ET LA HAINE.

To Mercure de France for permission to use extracts from Georges Duhamel's LES MAITRES; Paul Léautaud's PROPOS D'UN JOUR; and Pierre Reverdy's LE LIVRE DE MON BORD.

To Librairie Pion for permission to use extracts from Julien Green's LE BEL AUJOURD'HUI; Emile Henriot's AU BORD DU TEMPS; and Robert Poulet's ENTRETIENS FAMILIERS AVEC CELINE.

To Editions du Rocher (Monaco) for permission to use extracts from Pierre Reverdy's EN VRAC.

To Editions Stock for permission to use extracts from Jean Rostand's CARNET D'UN BIOLOGISTE.

In loving memory of my grandfather Joseph Palmeri

# French
## Wit and Wisdom

### A Look at Life by
### Great French Writers

*Chapitre 1*

## L'HOMME

1

Les hommes naissent égaux. Dès le lendemain, ils ne le sont plus. (*Journal,* 12 septembre 1907)

2

Les hommes sont un peu trop facilement égaux (*Les Noyers de l'Altenburg,* p. 90)

3

La nature n'a pas fait les hommes égaux; elle ne les a pas faits fraternels; elle les dresse les uns contre les autres par les désirs et les appétits. (*Plus ou moins homme,* p. 48)

4

Les hommes se distinguent par ce qu'ils montrent et se ressemblent par ce qu'ils cachent. (*Mélange,* p. 107)

5

L'homme est capable de faire ce qu'il est incapable d'imaginer. (*Feuillets d'Hypnos,* p. 94)

## Chapter 1

## MAN

### 1

Men are born equal. On the following day, they no longer are.
—Renard

### 2

Men are equal a little too readily. —Malraux

### 3

Nature did not make men equal, it did not make them brotherly; it pits them against one another through their desires and appetites.
—Vercors

### 4

Men differ from one another by what they show, and resemble one another by what they hide. —Valéry

### 5

Man is capable of doing what he is incapable of imagining.
—Char

L'homme est un inconnu qui recèle des forces immenses, un peu comme un noyau atomique, et il faut un appel extérieur pour les réaliser. (*Mémoires improvisés,* p. 231)

La plupart des hommes ont, comme les plantes, des propriétés cachées que le hasard fait découvrir. (*Maximes*, Vᵉ éd., 344)

Être homme, c'est précisément être responsable. (*Terre des hommes*, p. 55)

Un homme sans défauts est une montagne sans crevasses. (*Feuillets d'Hypnos*, p. 24)

Le visage de chaque homme porte sa propre trace du péché originel. (*La Création artistique,* p. 80)

L'homme est l'être qui ne peut sortir de soi, qui ne connaît les autres qu'en soi, et, en disant le contraire, ment. (*Albertine disparue,* 1, NRF, p. 58)

Le plus vulgaire des hommes est un grand artiste dès qu'il mime ses malheurs. *(Propos, Pléiade,* p. 360)

Il se trouve plus de différence de tel homme à tel homme que de tel animal à tel homme. (*Essais. II,* ch. 12)

Les hommes se ressemblent d'autant plus qu'on les observe dans un temps plus court. (*M. Teste,* p. 126)

Il n'y a pas un homme qui ait le droit de mépriser les hommes. Je n'ai pas rencontré un homme avec lequel il n'y eût quelque chose à apprendre. (*Journal d'un poète*, 1834)

L'homme est un animal qui lève la tête au ciel et ne voit que les araignées du plafond. (*Journal,* 10 avril 1894)

### 6

Man is a mystery that, like an atomic nucleus, hides immense forces; it takes an external stimulus to release them. —Claudel

### 7

Most men have, like plants, hidden properties which are discovered by chance. —La Rochefoucauld

### 8

To be a man is simply to be responsible. —Saint-Exupéry

### 9

A man without faults is a mountain without crevasses. —Char

### 10

The face of each man bears its own trace of the original sin. —Malraux

### 11

Man is a being who cannot get out of himself, knows others only in himself, and in saying the contrary, he lies. —Proust

### 12

The most ordinary of men is a great artist as soon as he mimics his misfortunes. —Alain

### 13

There is more difference from man to man than from animal to man. —Montaigne

### 14

The shorter the time one observes men, the greater their resemblance to one another. —Valéry

### 15

There is not a man who has the right to despise men. I have not met a man from whom there wasn't something to be learned. —Vigny

### 16

Man is an animal who lifts his head to the sky and sees nothing but spiders on the ceiling. —Renard

### 17

L'individu ne s'affirme jamais plus que lorsqu'il s'oublie. Qui songe à soi, s'empêche. (*Divers*, p. 37)

### 18

Il y a deux espèces d'hommes, ceux qui s'habituent au bruit et ceux qui essaient de faire taire les autres. (*Propos,* Pléiade, p. 5)

### 19

Les hommes en général ressemblent aux chiens qui hurlent quand ils entendent de loin d'autres chiens hurler. (*Fragments historiques,* Art. III)

### 20

Nous avons de l'amour pour une ou deux femmes, de l'amitié pour deux ou trois amis, de la haine pour un seul ennemi, de la pitié pour quelques pauvres; et le reste des hommes nous est indifférent. (*Journal,* 8 janvier 1901)

### 21

Les hommes sont toujours les uns pour les autres d'éternels personnages de roman. (*En vrac,* p. 189)

### 22

Quelle surprise si tu devenais brusquement celui que l'on croit que tu es. (*En vrac*, p. 196)

### 23

Malheureux que nous sommes: l'homme est le dieu du néant. (*Pages,* éd. du Pavois, p. 59)

### 24

Nous sommes si accoutumés à nous déguiser aux autres, qu'enfin nous nous déguisons à nous-mêmes. (*Maximes,* Vᵉ éd., 119)

### 25

Nous savons que l'homme ne prend pas conscience de lui- même comme il prend conscience du monde; et que chacun est pour soi-même un monstre de rêves. J'ai conté jadis l'aventure d'un homme qui ne reconnaît pas sa voix qu'on vient d'enregistrer, parce qu'il l'entend pour la première fois à travers ses oreilles et non plus à travers sa gorge; et, parce que notre gorge seule nous transmet notre voix intérieure, j'ai appelé ce livre La Condition humaine. (*Les Voix du silence,* p. 628)

## 17

The individual never affirms himself more than when he forgets himself. He who thinks of himself, thwarts himself. —Gide

## 18

There are two kinds of men; those who get used to the noise and those who try to silence the others. —Alain

## 19

Men in general resemble dogs that bark when they hear other dogs bark. —Voltaire

## 20

We have love for one or two women, friendship for two or three men, hatred for a single enemy, pity for a few poor people, and the rest are indifferent to us. —Renard

## 21

Men are always eternal fictional characters to each other.
—Reverdy

## 22

What a surprise if you suddenly became the person people believe you are. —Reverdy

## 23

Wretches that we are: man is the god of nothingness. —Suarès

## 24

We are so accustomed to disguising ourselves to others that in the end we disguise ourselves to ourselves. —La Rochefoucauld

## 25

We know that man does not become conscious of himself as he becomes conscious of the world; and that each one is for himself a nightmare. I once told the story of a man who did not recognize his voice — just recorded — because he heard it for the first time through his ears and not through his throat; and, because our throat alone transmits our interior voice, I called this book Man's Fate. —Malraux

Quoi de plus rare qu'un homme? Je ne vois que des enfants partout. Des enfants vieux qui jouent tristement. (*Journal d'un poète*, 5 mai 1832)

Le plus honnête homme fait un peu de bien, et beaucoup de mal. (*Journal,* 5 septembre 1903)

Si les Célibataires devaient disparaître en entier, je voudrais qu'une seule phrase en fût sauvée, celle qui dit: «Les hommes ne nous font jamais tout le mal qu'ils pourraient.» Oui, c'est vrai, ils ne sont pas si méchants. (*Service inutile,* p. 26)

Un homme, si j'en crois un de mes amis, a toujours deux caractères, le sien, et celui que sa femme lui prête. (*L'Eté,* cité par J.-C. Brisville dans Camus, p. 238)

Le caractère de l'homme se modifie . . .
Chaque pas que nous faisons est plus qu'un voyage. (*Midi, dans Les Epaves du ciel*, p. 143-44)

Le visage de l'homme qui croit qu'il n'a pas de chance est par lui-même attristant. (*Propos, Pléiade,* p. 1284)

Chaque fois qu'on se fait photographier, on croit qu'il va naître un dieu. (*Journal, 10 juillet* 1902)

Le vrai moyen d'être trompé, c'est de se croire plus fin que les autres. (*Maximes,* V$^e$ éd., 127)

Nous oublions aisément nos fautes, lorsqu'elles ne sont sues que de nous. (*Maximes,* V$^e$ éd.,196)

L'homme se plaindrait de n'avoir pas à se plaindre. (*Journal,* 19 février 1902)

Il n'y a que deux sortes de gens au monde: ceux qui ne savent pas s'ennuyer et qui ne sont rien, et ceux qui savent s'ennuyer et qui sont tout . . . après ceux qui savent ennuyer les autres. (*Le Monde où l'on s'ennuie,* Acte I, sc. 2)

Il n'y a pour l'homme qu'un vrai malheur, qui est de se trouver en faute et d'avoir quelque chose à se reprocher. (*Les Caractères,* De l'Homme, 136)

## 26

What is rarer than a man? I see only children everywhere. Old children who play sadly. —Vigny

## 27

The most honest man does a little good and a great deal of harm. —Renard

## 28

If *The Bachelors*[1] were to disappear completely, I would like a single sentence to be preserved, the one which says: "Men never do to us all the harm they could." Yes, it is true, they are not so wicked. —Montherlant

## 29

A man, if I may believe one of my friends, always has two characters, his own, and the one attributed to him by his wife. —Camus

## 30

Man's character changes . . .
Each step that we take is more than a mere voyage. —Reverdy

## 31

The face of the man who believes that he is unfortunate is in itself saddening. —Alain

## 32

Each time that one has his picture taken, one believes that a god is going to be born. —Renard

## 33

The true way of being deceived is to believe oneself shrewder than others. —La Rochefoucauld

## 34

We forget our faults easily when they are known only to us. —La Rochefoucauld

## 35

Man would complain about not having to complain. —Renard

## 36

There are only two kinds of people in the world: those who don't know how to get bored and who are nothing, and those who know how to get bored and are everything . . . after those who know how to bore others. —Pailleron

## 37

There is for man only one real misfortune, which is to find himself at fault and to have something to reproach himself for.
—La Bruyère

1. A novel by the author of this quotation.

Les hommes de tous les siècles ont les mêmes penchants, sur lesquels la raison n'a aucun pouvoir. Ainsi, partout où il y a des hommes, il y a des sottises, et les mêmes sottises. (*Dialogues des morts*, Socrate et Montaigne)

Ce ne sont pas les dupes qui manquent, ce sont les charlatans. (*Mémoires du Prince de Talleyrand* par Paul Léon, t. 1, p. 46)

L'excès du tempérament féminin, c'est de se livrer à toutes les influences . . . L'excès du tempérament masculin, c'est de vouloir toujours intervenir et de vouloir n'être jamais touché (*Textes sous une occupation*, p. 127)

Si nous n'avions point de défauts, nous ne prendrions pas tant de plaisir à en remarquer dans les autres. (*Maximes*, V^e éd., 31)

Comme les lampes ont besoin de pétrole, les hommes ont besoin d'être nourris d'une certaine quantité d'admiration. Quand ils ne sont pas admirés assez, ils meurent. (*Pitié pour les femmes*, cité par H. Perruchot dans *Montherlant*, p. 226)

A peine avons-nous loué quelqu'un, pour agir mieux que les autres, qu'il agit comme les autres. (*Carnets*, Gallimard, p. 132)

L'être humain est la proie de trois maladies chroniques et inguérissables: le besoin de nourriture, le besoin de sommeil, et le besoin d'égards. (*Carnets*, Gallimard, p. 75)

Tous les gens timides menacent volontiers. C'est qu'ils sentent que les menaces feraient sur eux-mêmes une grande impression. (*Cahiers*, textes recueillis par B. Grasset, p. 54)

Comme nous ne sommes pas sûrs de notre courage, nous ne voulons pas avoir l'air de douter du courage d'autrui. (*Journal*, 8 août 1898)

Men of all centuries have the same tendencies over which reason has no power.  Thus, wherever there are men, there are foolish things and the same foolish things. —Fontenelle

39

There are so many fools that we are short of quacks. —Talleyrand

40

The extreme in the feminine temperament is to be susceptible to all influences . . . The extreme in the masculine temperament is to always want to intervene and never to be touched. —Montherlant

41

If we had no faults, we would not take so much pleasure in noticing the faults of others. —La Rochefoucauld

42

Just as lamps need oil, men need to be fed by a certain quantity of admiration.  When they are not sufficiently admired, they die. —Montherlant

43

No sooner have we praised someone for acting better than others than he acts like the others. —Montherlant

44

The human being is a prey to three incurable and chronic sicknesses: the need for food, for sleep and for esteem. —Montherlant

45

All timid people threaten readily.  It is because they feel that threats would make a great impression upon themselves. —Montesquieu

46

Inasmuch as we are not sure of our own courage, we do not want to seem to doubt the courage of others. —Renard

L'homme ne se pardonne point aisément d'avoir cédé à la peur . . .
L'homme n'a jamais peur que de lui-même. (*Les Passions et la sagesse,* Pléiade, p. 169)

L'homme ne cesse d'avoir peur que pour menacer. (*Carnets,* Gallimard, p. 188)

Dans les grandes choses, les hommes se montrent comme il leur convient de se montrer; dans les petites, ils se montrent comme ils sont. (*Collection des plus belles pages de Chamfort,* p. 16)

— Mais regardez ces gondoliers, dit Candide, ne chantentils pas sans cesse? — Vous ne les voyez pas dans leur ménage, avec leurs femmes et leurs marmots d'enfants, dit Martin. Le doge a ses chagrins, les gondoliers ont les leurs. Il est vrai qu'à tout prendre le sort d'un gondolier est préférable à celui d'un doge; mais je crois la différence si médiocre, que cela ne vaut pas la peine d'être examiné. (*Candide,* ch. 24)

Je peux dire et je dirai tout à l'heure que ce qui compte est d'être humain, simple. Non, ce qui compte est d'être vrai et alors tout s'y inscrit, l'humanité et la simplicité. (*L'Envers et l'endroit, cité* par J.-C. Brisville dans *Camus,* p. 239)

Peu de chose nous console, parce que peu de chose nous afflige. (*Pensées,* Brunschvicg, II, 136)

L'homme n'est qu'un roseau, le plus faible de la nature; mais c'est un roseau pensant. Il ne faut pas que l'univers entier s'arme pour l'écraser : une vapeur, une goutte d'eau suffit pour le tuer. Mais quand l'univers l'écraserait, l'homme serait encore plus noble que ce qui le tue, parce qu'il sait qu'il meurt, et l'avantage que l'univers a sur lui, l'univers n'en sait rien. (*Pensées,* Brunschvicg, VI, 347)

## 47

Man does not forgive himself easily for having yielded to fear . . .
Man is never afraid but of himself. —Alain

## 48

Man ceases to be afraid only to threaten. —Montherlant

## 49

In great things men show themselves as it suits them to show
themselves; in little things, they show themselves as they are.
—Chamfort

## 50

— But look at these gondoliers, said Candide,[2] aren't they always
singing?
— You don't see them in their homes, with their wives and their
brats, said Martin.[2] The doge [chief magistrate of Venice] has his
headaches, the gondoliers have theirs. It is true that, all in all,
the lot of a gondolier is preferable to that of a doge; but I believe
the difference is so slight that that is not worth being examined.
—Voltaire

## 51

I can say and I shall say presently that what counts is to be human,
simple. No, what counts is to be true; and then everything is included, humanity and simplicity. —Camus

## 52

A trifle consoles us because a trifle afflicts us. —Pascal

## 53

Man is only a reed, the weakest in nature; but he is a thinking reed.
It is not necessary for the entire universe to arm itself to crush
him: a vapor, a drop of water suffices to kill him. But even if the
universe crushed him, man would be still nobler than what kills
him because he knows that he dies; and of the advantage which
the universe has over him, the universe knows nothing. —Pascal

2. Candide — Martin, principal characters in Voltaire's CANDIDE.

*Chapitre 2*

# LES FEMMES

**1**

Les femmes sont des actrices-nées. Celles qui ne vivent pas sur la scène n'ont pas réalisé tout à fait leur destin. (*L'Homme et l'Amour, p. 110)*

**2**

La femme se fait telle que la veut l'homme. L'ennui est que l'homme sait rarement ce qu'il veut. De là beaucoup de drames. (*Carnets,* Gallimard, p. 110)

**3**

BARBE BLEUE — Ah! Misère de l'homme au milieu de toutes les femmes! Et ne commencent-elles pas par vous mettre au monde, pour se rendre indispensables! (*La Belle au bois*, Acte II, se. 4)

**4**

Les femmes sont extrêmes: elles sont meilleures ou pires que les hommes. (*Les Caractères*, Des Femmes, 53)

**5**

Rien de bas dans la femme, rien de vulgaire, tout poétique. En général, elle est malade d'amour, l'homme de digestion. (*L'Amour,* p. 332)

**6**

Elle flotte, elle hésite; en un mot, elle est femme. (*Athalie,* v. 876)

**7**

Est-il un sentiment plus aigu que la curiosité chez la femme? (*Mlle Fifi*)

14

*Chapter 2*

# WOMEN

### 1
Women are born actresses. Those who don't live on stage have not fully realized their destiny. —Géraldy

### 2
Woman becomes what man wants her to be. The trouble is that man rarely knows what he wants. From this, many dramas. —Montherlant

### 3
BLUE-BEARD. Ah! the wretchedness of man in the midst of all these women. They begin by putting you into the world to make themselves indispensable! —Supervielle

### 4
Women are extreme: they are either better or worse than men. —La Bruyère

### 5
Nothing low in woman, nothing vulgar, everything poetic. In general, she is sick with love; man, with indigestion. —Michelet

### 6
She hesitates, she cannot make up her mind; in a word she is a woman. —Racine

### 7
Is there a keener sentiment in woman than curiosity? —Maupassant

Une femme est obligée de plaire comme si elle s'était faite elle-même. (*Cahiers,* textes recueillis par B. Grasset, p. 55)

Une femme est d'une plus grande utilité pour notre vie si elle y est, au lieu d'un élément de bonheur, un instrument de chagrin, et il n'y en a pas une seule dont la possession soit aussi précieuse que celle des vérités qu'elle nous découvre en nous faisant souffrir. (*Albertine disparue,* 1, NRF, p. 129)

Avec les femmes, il faut toujours pardonner, — ou ignorer. (*Allouma*)

Je crois bien l'avoir remarqué au théâtre: au spectacle d'un homme trompé, seules les femmes rient. (*Propos d'un jour,* p. 31)

Les charmes de la passante sont généralement en relation directe avec la rapidité du passage. (*A l'ombre des jeunes filles en fleurs,* 2, NRF, p. 155-56)

Dès qu'on dit à une femme qu'elle est jolie, elle se croit de l'esprit. (*Journal*, 9 février 1899)

L'imagination est la partie dominante de l'esprit des femmes. Leur dictionnaire par cette raison est plus étendu que celui des hommes. Elles trouvent des rapports entre les objets les plus distants. Leurs comparaisons sont vives, frappantes, et rendent sensibles les choses les plus abstraites. (*Considérations sur l'esprit et les moeurs,* p. 277- 78)

Comme la nature féminine est souple! (*Mont-Oriol*)

Les hommes jugent plus sévèrement les femmes qu'elles ne les jugent, eux. (*Carnets,* Gallimard, p. 351)

Dans l'ombre d'un homme glorieux, il y a toujours une femme qui souffre. (*Journal,* Ier février 1906)

Une femme rit tellement que sa poudre tombe. Son teint naturel reparaît, et la voilà jolie. (*Journal,* 25 janvier 1905)

### 8

A woman is compelled to please as though she had created herself.
—Montesquieu

### 9

A woman is of greater value to our life if, instead of happiness, she causes us pain, and there isn't a single woman whose possession is as precious as the possession of the truths she reveals to us by making us suffer. —Proust

### 10

With women one must always forgive or pretend not to know.
—Maupassant

### 11

I think I have actually observed this at the theater: at the spectacle of a deceived man, only women laugh. —Léautaud

### 12

The charms of the woman passing by are generally in direct ratio to the rapidity of her passage. —Proust

### 13

As soon as one says to a woman that she is pretty, she believes she has intelligence. —Renard

### 14

Imagination is the dominant aspect of the mind of women. Their vocabulary is for this reason broader than that of men. They find relations between the most distant objects. Their comparisons are vivid, striking, and make the most abstract things comprehensible.
—Sénac de Meilhan

### 15

How supple feminine nature is! —Maupassant

### 16

Men judge women more severely than women judge men.
—Montherlant

### 17

In the shadow of an illustrious man there is always a suffering woman. —Renard

### 18

A woman laughs so hard that her make-up comes off. Soon her natural complexion appears and there she is, pretty. —Renard

### 19

La plus extraordinaire femme qu'on ait jamais rencontrée est celle qu'on vient de quitter. (*Journal,* 20 mai 1893)

### 20

Il n'y a pas de femme supérieure pour l'homme supérieur. (*Valeurs*, p. 282)

### 21

Idéal de la femme: être servie dans les petites choses, et servir dans les grandes. (*Carnets,* Gallimard, p. 89)

### 22

La mauvaise conscience, c'est pour les hommes — les femmes l'ont presque toujours bonne — quand elles en ont. (*Le Livre de mon bord,* p. 209)

### 23

Les femmes ne connaissent pas toute leur coquetterie. (*Maximes,* Vᵉ éd., 322)

### 24

Les femmes ont généralement l'air d'autant plus vieux que les photographies sont plus anciennes. (*La Prisonnière,* 1, NRF, p. 277)

### 25

L'homme médiocre doit trembler en paraissant devant une femme d'esprit. (*Considérations sur l'esprit et les mœurs,* p. 279)

### 26

Une femme intelligente est une femme avec laquelle on peut être aussi bête que l'on veut. (*Mauvaises pensées et autres,* p. 219)

### 27

Pour les femmes, le meilleur argument qu'elles puissent invoquer en leur faveur, c'est qu'on ne peut pas s'en passer. (*Le Livre de mon bord,* p. 22)

### 28

Les femmes sont comme les enfants. Rien ne les détourne d'elles-mêmes. (*Hommage à Collette*)

### 29

[La femme] Sa plus grande qualité doit être le tact, ce sens subtil qui est, pour l'esprit, ce que le toucher est pour le corps. (*Le Colporteur*)

### 19

The most extraordinary woman that one has ever met is the woman one has just left. —Renard

### 20

There is no superior woman for the superior man. —Suarès

### 21

The ideal of woman: to be served in little things, and to serve in great ones. —Montherlant

### 22

A guilty conscience is for a man — a woman's conscience is nearly always clear — when she has one. —Reverdy

### 23

Women do not know the extent of their coquetry.
—La Rochefoucauld

### 24

Generally the older the photographs, the older women look in them. —Proust

### 25

A mediocre man should tremble in appearing before a woman of superior intelligence. —Sénac de Meilhan

### 26

An intelligent woman is a woman with whom one can be as silly as one wishes. —Valéry

### 27

The best argument that women can invoke in their favor is that one cannot get along without them. —Reverdy

### 28

Women are like children. Nothing turns them away from themselves. —Géraldy

### 29

[Woman]: Her greatest quality should be tact, this subtle sense which is, for the mind, what the sense of touch is for the body.
—Maupassant

Les femmes sont mélange du désir d'une certaine brutalité et de l'exigence d'immenses égards. Elles adorent la force, mais une force qui parfois s'incline. (*Mauvaises pensées et autres*, p. 218-9)

31

En temps de révolution, la femme peut être plus féroce que l'homme. (*La Femme et l'amour,* p. 32)

32

Une femme n'a pas besoin, pour plaire, d'être belle. Il suffit qu'elle soit vraiment femme. (*Au bord du temps,* p. 188)

33

CAMILLE — Connaissez-vous le cœur des femmes, Perdican? Êtes-vous sûr de leur inconstance, et savez-vous si elles changent réellement de pensée en changeant quelquefois de language? Il y en a qui disent que non. Sans doute, il nous faut souvent jouer un rôle, souvent mentir; vous voyez que je suis franche; mais êtes-vous sûr que tout mente dans une femme, lorsque sa langue ment? Avez-vous bien réfléchi à la nature de cet être faible et violent, à la rigueur avec laquelle on le juge, aux principes qu'on lui impose? Et qui sait si, forcée à tromper par le monde, la tête de ce petit être sans cervelle ne peut pas y prendre plaisir, et mentir quelquefois par passe-temps, par folie, comme elle ment par nécessité? (*On ne badine pas avec l'amour*, Acte III, se. 6)

34

Une femme souhaite qu'on ne parle pas de ses amours, mais que tout le monde sache qu'elle est aimée. (*La Conversation,* Oeuvres complètes, t. 5, p. 451)

35

La nature dit à la femme: Sois belle, si tu peux, sage si tu veux, mais sois considérée, il le faut. (*Cité par Stendhal dans De l'amour,* p. 19, note)

36

Femmes, voulez-vous séduire un homme, aimez-le; hommes, voulez-vous séduire une femme, admirez-la; nous cherchons davantage le bonheur, elles la gloire. (*Le Cahier vert,* p. 26)

Women are a mixture of a desire for a certain brutality and of an unreasonable demand for immense esteem. They adore force but a force which sometimes yields. —Valéry

## 31

In time of revolution the woman can be fiercer than the man. —L. Daudet

## 32

In order to please, a woman does not need to be beautiful. It is sufficient that she be truly a woman. —Henriot

## 33

CAMILLE[1]. Do you know the feminine heart, Perdican[1]? Are you sure of women's fickleness, and do you know whether they really change their thoughts when sometimes they change language? There are some who say no. Undoubtedly, we must often play a role, often lie; you see that I am frank; but are you sure that everything lies in a woman when her tongue lies? Have you really pondered upon the nature of this weak and violent being, upon the severity with which one judges her, upon the principles imposed upon her? And who knows if, forced by the world to deceive, the head of this brainless little being may not take pleasure in it and lie sometimes as a pastime, unthinkingly, as she lies out of necessity? —Musset

## 34

A woman wants no one to speak of her loves, but everyone to know that she is loved. —Maurois

## 35

Nature says to woman: Be beautiful if you can, good if you wish; but be considerate, you must. —Beaumarchais

## 36

Women, do you wish to captivate a man? — love him. Men, do you wish to captivate a woman? — admire her. We seek happiness more; they seek glory. —Jouffroy

1. Camille . . . Perdican, main characters in Musset's play. ONE SHOULDN'T TRIFLE WITH LOVE.

### 37

Elle a ri, elle a ri! Il n'y avait pas moyen de la consoler. (*Journal,* 8 avril 1897)

### 38

Elle pleurait tellement qu'on l'eût pu croire affligée. (*Journal, 6 novembre 1893)*

### 39

La femme d'aujourd'hui, la femme affairée et qui jette des bouts de cigarettes souillés de rouge, qui plaide, court les bureaux de rédaction, dissèque des cadavres, je nie que ce soit une conquérante ... Il y a quelque chose d'infiniment plus beau que de dépasser les hommes dans tous les domaines: c'est de créer des hommes, de les porter, de les nourrir, de les élever au sens profond du mot, et, après les avoir enfantés à la vie de la chair, de les enfanter à la vie de l'esprit. (*Le Romancier et ses personnages,* Oeuvres complètes, t. 8, p. 218-19)

### 40

Ne dites pas à une femme qu'elle est jolie. Dites-lui seulement qu'elle ne ressemble pas aux autres, et toutes ses carrières vous seront ouvertes. (*Journal,* 29 avril 1898)

### 41

Les hommes, non les femmes, mettent l'interrupteur au téléphone. Les femmes croient toujours qu'il y a un bonheur au bout du fil. (*Carnets*, Gallimard, p. 90)

### 42

Quel cœur plus tendre que celui de la femme? Sa bonté embrasse toute la nature. Tout ce qui souffre ou qui est faible, hommes, animaux, est aimé et protégé d'elle. *(L'amour,* p. 400)

### 43

Les femmes sont plus courageuses que les hommes. (*Lettre aux dames . . . ,* cité par Jacques Suffel dans A. *France par lui-même*, p. 118)

### 44

Une femme fière exige qu'on l'aborde — de loin. (*En vrac*, p. 170)

### 45

Les femmes croient innocent tout ce qu'elles osent. (*Pensées et lettres,* présentées par R. Dumay, p. 74)

She laughed and she laughed! There was no way of consoling her. —Renard

She was crying so much that one might have believed that she was in sorrow. —Renard

The woman of today, the busy woman who throws away red-stained cigarette butts, who practices law, runs back and forth to publishers' offices, dissects bodies — I deny that she is the victor. ...There is something infinitely more beautiful than to surpass men in all fields: it is to create men, to carry them, to nourish them, to raise them in the most profound meaning of the word, and, after having begotten them in the life of the flesh, to beget them in the life of the spirit. —Mauriac

Don't say to a woman that she is pretty. Merely say to her that she does not resemble anyone else and all careers will be open to you. —Renard

Men, not women, hang up the telephone receiver. Women always believe that there is happiness at the other end of the line.
—Montherlant

What heart is more tender than the heart of a woman? Her kindness embraces all of nature. Everything which suffers or which is weak, man or animal, is loved and protected by her.
—Michelet

Women are more courageous than men. —Anatole France

A proud woman requires that one approach her — from a distance.
—Reverdy

Women believe innocent everything they dare to do. —Joubert

Thiers un jour dit à Talleyrand: «Mon prince, vous me parlez toujours de femmes, j'aimerais bien mieux parler politique.» Il répondit: «Mais les femmes c'est la politique.» (*Mémoires du Prince de Talleyrand* par Paul Léon, t. V, p. 29)

Je me garderai bien d'essayer ici de donner d'elle une biographie; les femmes ne devraient jamais avoir de biographie, vilain mot à l'usage des hommes, et qui sent son étude et sa recherche. Même quand elles n'ont rien d'essentiel à cacher, les femmes ne sauraient que perdre en charme au texte d'un récit continu. Est-ce qu'une vie de femme se raconte? Elle se sent, elle passe, elle apparaît. J'aurais bien envie même de ne pas mettre du tout de date, car les dates en tel sujet, c'est peu élégant. (*Mme Récamier*, Lundi 26 novembre 1849)

Vous avez voulu être nos égales, souvent nos rivales. Tant pis pour vous! Vous avez perdu beaucoup. Vous serez peut-être, dans trente ou quarante ans, nos égales dans le domaine de la littérature et des sciences expérimentales . . . Mais alors vous aurez tout perdu! Ce qu'il y a de plaisant chez une femme, c'est précisément sa féminité, sa douceur . . . (Cité par Christine Gamier dans *L'Homme et son personnage*, p. 212-13)

De Socrate à Clémenceau, l'homme mourant dit: «Ne laissez pas entrer les femmes.» Cependant l'homme mourant n'est pleuré que par les femmes. (*Mors et vita*, p. 188)

Thiers[2] said one day to Talleyrand: "Prince, you always speak to me of women; I would like much better to talk politics." He replied: "But women are politics." —Talleyrand

I shall be very careful not to write her biography,[3] women should never have a biography — an ugly word, this, which is to be used only for men, and which betrays study and research. Even when they have nothing essential to hide, women can only lose charm in the course of a continuous account. Can the life of a woman be related? It is felt, it passes, it appears. I would almost be tempted not to put any dates in it, for dates on such a subject are not very elegant. —Sainte-Beuve

You [women] have wished to be our equals, often our rivals. So much the worse for you! You have lost a great deal. You will perhaps be, in 30 or 40 years, our equals in the domain of literature and experimental sciences . . . But then you will have lost everything! What is pleasing in woman is precisely her femininity, her sweetness . . . —J. Rostand

From Socrates to Clémenceau,[4] dying men have been saying: "Don't let women in." However, dying men are mourned only by women. —Montherlant

2. French statesman and historian (1797-1877).
3. The author is drawing a literary portrait of Madame Récamier, a charming and beautiful woman, leader of social and political circles (1777-1849).
4. French politician and statesman (1841-1929).

*Chapitre 3*

## L'ENFANCE, LA JEUNESSE ET LA VIEILLESSE

1

Les enfants ont toujours une tendance soit à déprécier soit à exalter leurs parents, et pour un bon fils son père est toujours le meilleur des pères, en dehors même de toutes raisons objectives de l'admirer. (*A l'ombre des jeunes filles en fleurs,* 3, NRF, p. 11)

2

L'enfant ne voit pas l'homme sous un jour sûr mais sous un jour simplifié. Là est le secret de leur inséparabilité. (*Feuillets d'Hypnos*, p. 94)

3

J'aime les enfants, car, quand ils s'amusent, ils s'amusent; et quand ils pleurent, ils pleurent; et cela se succède sans difficulté. Mais ils ne mêlent pas ces visages. Chaque phase est pure de l'autre. Mais nous . . . (*Mélange*, p. 89)

4

Les enfants réalisent ce miracle adorable de demeurer des enfants et de voir par nos yeux. (*Feuillets d'Hypnos,* p. 75)

＊§ ξ＊

*Chapter 3*

## CHILDHOOD, YOUTH AND OLD AGE

1

Children always have a tendency either to underrate or to exalt their parents, and to a good son his father is always the best of fathers, entirely apart from all objective reasons for admiring him. —Proust

2

The child sees man not in a true but in a simplified light. That is the secret of their being inseparable. —Char

3

I love children because, when they have fun, they have fun; and when they cry, they cry; and this shift is done without difficulty. But they do not mingle these facial expressions. Each phase is free from the other. But we adults . . . —Valéry

4

Children realize the charming miracle of remaining children and seeing through our eyes. —Char

## 5

Les enfants savent bien qu'ils sont des enfants. Les parents croient être seuls à le savoir: grande illusion; et souvent funeste. (*Valeurs,* p. 50)

## 6

Un homme n'aime pas à se rappeler son adolescence, sinon pour raconter une anecdote, une blague, un cas d'indiscipline. N'est-ce point parce qu'il sent obscurément que l'enfant qu'il fut est mort et bien mort, et que l'homme qu'il est aujourd'hui n'est pas digne de cet enfant? (*Où le coeur se partage*, cité par Jean Duvignaud dans *Arland,* p. 232)

## 7

Quand j'étais jeune, je plaignais les vieux. Maintenant que vieux, ce sont les jeunes que je plains. (*Carnet d'un biologiste*, p. 179)

## 8

La jeunesse est un dieu aux millions de visages. (Le Jeune Homme, Oeuvres complètes, t. 4, p. 423)

## 9

Être jeune, c'est n'être jamais seul; c'est être épié, cerné de mille désirs, c'est entendre autour de soi craquer les branches. (*Le Jeune Homme*, Oeuvres complètes, t. 4, p. 423)

## 10

La jeunesse est un temps pendant lequel les conventions sont, et doivent être, mal comprises: ou aveuglement combattues, ou aveuglement obéies. (*M. Teste,* Préface)

## 11

Très jeune, on a de l'originalité, mais pas de talent. (*Journal*, 8 novembre 1891)

## 12

Presque tous les enfants ont un génie de poète qui s'abîme vite. (*Journal d'un inconnu,* p. 364)

## 13

Les jeunes esprits, toujours portés à admirer ce qui est gigantesque plus que ce qui est raisonnable. (*Journal,* 26 octobre 1853)

## 14

Le jeune homme s'ennuie parce qu'il convoite l'absolu. (*L'Ennui,* p. 190)

Children do know that they are children. Parents believe they are the only ones to know this: it is a great illusion and it is often disastrous. —Suarès

6

A man does not like to recall his adolescence, except to tell an anecdote, a joke, or an act of insubordination. Isn't it because he feels indistinctly that the child that he was is dead and buried, and that the man that he is today is not worthy of that child?
—Arland

7

When I was young, I used to pity the old. Now that I am old, it is the young that I pity. —J. Rostand

8

Youth is a god with a million faces. —Mauriac

9

To be young is never to be alone; it is to be spied upon, to be filled with a thousand desires, to hear the branches crackle around you.
—Mauriac

10

Youth is a time during which social conventions are, and should be, misunderstood: either blindly fought or blindly obeyed.
—Valéry

11

When very young, one has originality, but no talent. —Renard

12

Nearly all children have a poetic genius which deteriorates quickly. —Cocteau

13

Young minds are always inclined to admire what is gigantic more than what is reasonable. —Delacroix

14

The young man is bored because he covets the absolute. —Tardieu

## 15

La jeunesse est une ivresse continuelle; c'est la fièvre de la raison. (*Maximes*, Vᵉ éd., 271)

## 16

La jeunesse est toujours arrogante. Et nous aussi, il y a vingt-cinq ans, nous avons fait la leçon à nos aînés. (*Critique des critiques*, p. 76)

## 17

L'hypocrisie: voilà l'unique vice dont ils paraissent à peu près incapables, ces jeunes gens, puisqu'ils peuvent, en toute bonne foi, suivre des opinions opposées, obéir à des impulsions contraires.
Un hypocrite, s'il est déjà mûr, fait horreur: Tartufe. Mais voyez le jeune Julien Sorel, aussi tortueux que Tartufe; nous l'aimons pourtant, et aucune de ses perfidies ne nous détourne de l'aimer. C'est que le héros adolescent de Stendhal est à l'âge de la contradiction. (*Le Jeune Homme*, Oeuvres complètes, t. 4, p. 443)

## 18

On ne comprend pas plus la vie à quarante ans qu'à vingt, mais on le sait, et on l'avoue. C'est ça, de la jeunesse. (*Journal*, 12 février 1907)

## 19

Un homme qui serait en peine de connaître s'il change, s'il commence à vieillir, peut consulter les yeux d'une jeune femme qu'il aborde et le ton dont elle lui parle: il apprendra ce qu'il craint de savoir. Rude école. (*Les Caractères*, Des Femmes, 64)

## 20

C'est la plus belle des jeunesses: la jeunesse de l'esprit quand on n'est plus jeune. (*Propos d'un jour*, p. 56)

## 21

La vieillesse, c'est quand on commence à dire: «Jamais je ne me suis senti aussi jeune.» (*Journal*, 30 septembre 1897)

## 22

Quand je cesserai de m'indigner, j'aurai commencé ma vieillesse. (*Nouveaux prétextes*, p. 169)

## 23

Celui qui garde inaltérable une bonne humeur (qui est jeunesse et vie) ne connaît ni la vieillesse ni la mort. (*Réflexions sur la vieillesse et la mort*, p. 109)

Youth is a perpetual intoxication; it is a fever of the mind.
—La Rochefoucauld

Youth is always arrogant. And we too, 25 years ago, preached to our elders. —Pagnol

Hypocrisy: there you have the only vice of which they seem to be almost incapable, these young people, since they can, in very good faith, follow opposite views; obey contrary impulses.
The hypocrite, if he is already adult, fills you with horror: Tartufe.[1] But look at young Julien Sorel,[2] as wily as Tartufe; we love him, however, and none of his perfidies turns our love away from him. The reason is that Stendhal's adolescent hero is at the age of contradictions. —Mauriac

One does not understand life any more at 40 than at 20, but one knows it, and one admits it. That is youth. —Renard

A man who might have difficulty in knowing whether he is changing, whether he is growing old, may consult the eyes of a young woman to whom he speaks and the tone in which she speaks to him: he will learn what he fears to know. A rough way of learning! —La Bruyère

The most beautiful youthfulness is the youth of the mind when one is no longer young. —Léautaud

Old age is the time when one begins to say: "Never have I felt so young." —Renard

When I cease to become indignant, I will have begun my old age. —Gide

He who keeps an unfailing good humor (which is youth and life) knows neither old age nor death. —Jouhandeau

1. Main character in Molière'a comedy of the same name. His name has become synonymous with hypocrite.
2. The hero of Stendhal's novel. THE RED AND THE BLACK.

24

La vieillesse, ce n'est pas l'âge; c'est la fatigue. (*Au bord du temps,* p. 13)

25

Maudire le présent, louer les jours révolus, c'est le ridicule du déclin de la vie. (*Mémoires intérieurs*, p. 117)

26

A mesure qu'un homme avance en âge, il se débarrasse des idées qui nuisent à son avancement. (*Le Jeune Homme*, Oeuvres complètes, t. 4, p. 451)

27

Au déclin de la vie, les hommes se ressemblent. (*Eva*, p. 39)

28

Sauf de nombreuses exceptions qui confirment la règle, plus on devient vieux, plus on devient bon. (*Spectacle,* p. 76)

29

Des hommes meurent de vieillesse à quarante ans. (*Journal,* 30 septembre 1897)

30

Les vieillards aiment à donner de bons préceptes, pour se consoler de n'être plus en état de donner de mauvais exemples. (*Maximes*, Ve éd., 93)

31

La vieillesse est différente pour chacun et selon l'époque; chose personnelle comme la maladie et l'amour. (*Le Ciel dans la fenêtre,* p. 126)

32

JUSTINE — Et vous croyez au bien et au mal?

MAURICE — Oui.

JUSTINE — Alors, le mal . . .

MAURICE — C'est de vieillir. (*Le Soldat et la sorcière*, Première partie, se. 2)

33

La petite femme qui se laisse approcher par le vieux. Quand elle le voit si vieux, elle hâte le pas et se sauve. (*Journal,* 26 mai 1908)

34

L'enfer des femmes, c'est la vieillesse. (*Maximes posthumes*, 29)

Old age is not age; it is fatigue. —Henriot

Cursing the present, praising the by-gone days is the ridiculous aspect of the decline of life. —Mauriac

As a man gets older, he gets rid of the ideas which are harmful to his progress. —Mauriac

At the decline of life, men resemble each other. —Chardonne

Save for numerous exceptions which confirm the rule, the older one becomes, the more kind-hearted he becomes. —Prévert

Some men die of old age at 40. —Renard

Old people like to give good advice to console themselves for their inability to set bad examples. —La Rochefoucauld

Old age is different for each one and according to the time in which one lives: a personal thing, like illness and love. —Chardonne

JUSTINE. And do you believe in good and evil?
MAURICE. Yes.
JUSTINE. Then, evil . . .
MAURICE. Is to grow old. —Salacrou

The young woman who lets herself be approached by the old man: when she sees him so old, she hastens her step and runs away. —Renard

The hell of women is old age. —La Rochefoucauld

## 35

Il n'y a pas de vieilles femmes. La nature, on ne sait pourquoi, à une certaine époque de leur vie, déguise les femmes en vieilles femmes, — comme la fée enferme la belle princesse dans une hideuse peau d'âne. Mais au dedans elles sont toujours jeunes; elles ont les mêmes goûts, les mêmes plaisirs, le même cœur. (*Les Guêpes,* p. 160)

## 36

Plus vieillira l'humanité, plus elle aura besoin de ses vieillards. (*Carnet d'un biologiste*, p. 178)

## 37

Les vieillards meurent parce qu'ils ne sont plus aimés. (*Carnets*, p. 225)

## 38

L'enfant, en naissant, tient les poings fermés: «A moi le monde!» Le mourant a les mains ouvertes: «Vous voyez, je m'en vais, et je n'emporte rien.» (*Mors et vita,* p. 190)

## 35

There are no old women. Nature, for some unknown reason, at a certain time in their lives, disguises women as old women — as the fairy wraps the beautiful princess in a hideous donkey skin. But inside they are always young; they have the same tastes, the same pleasures, the same heart. —Karr

## 36

The older humanity grows, the more it will need the aged.
—Rostand

## 37

Old people die because they are no longer loved. —Montherlant

## 38

The child, at birth, holds his fists closed: "The world is mine!" The dying man has his hands open: "You see, I am going away, I am not taking anything along." —Montherlant

*Chapitre 4*

## LA VIE

**1**

Si on demandait aux gens: «Qu'entendez-vous précisément par la vie?» on serait effaré de la plupart des réponses. (*Carnets,* Gallimard, p. 276)

**2**

Vivre et juger sa vie: quel est l'homme capable des deux? *(Journal*, 3 janvier 1894)

**3**

La vie n'est qu'une somme d'habitudes que troublent quelques pensées. (Pensée tirée d'une photo autographiée, U. of W. Fr. Department)

**4**

Souvent on appelle la vie les bêtises que l'on fait. (*Matinales,* p. 20)

**5**

La vie est aussi dangereuse que le poker. On a toujours envie de parier, de gagner, de tricher. Regardez votre vie comme si vous regardiez pour la première fois des joueurs de cartes. Des fous! diriez-vous. (*L'Archipel Lenoir*, Première partie)

**6**

La vie est courte, mais l'ennui l'allonge. Aucune vie n'est assez courte pour que l'ennui n'y trouve pas sa place. (*Journal*, 6 avril 1906)

*Chapter 4*

# LIFE

### 1
If one asked people, "Just what is your understanding of life?" one would be frightened by most answers. —Montherlant

### 2
To live and to judge one's life: what man is capable of both? —Renard

### 3
Life is a sum of habits disturbed by a few thoughts. —Valéry

### 4
Often one calls life the foolish things one does. —Chardonne

### 5
Life is as dangerous as poker. One always feels like betting, winning, cheating. Look at your life as if you were looking at card players for the first time. Madmen! you would say. —Salacrou

### 6
Life is short, but boredom lengthens it. No life is so short that boredom may not find a place in it. —Renard

7

Les hommes disent qu'ils veulent la vérité, et ils ne veulent que des explications. Ils disent qu'ils cherchent un sens à la vie, et ils ne cherchent qu'un but, c'est-à-dire une façon de tuer le temps. (*Carnets,* Gallimard, p. 374)

8

La vie et le théâtre séparés par une toile. (*Journal*, 6 avril 1906)

9

Notre conception de la vie est modifiée par un bon déjeuner. (*Mors et vita*, p. 180)

10

Un changement de temps suffit à recréer le monde et nous-mêmes. (*Le Côté de Guermantes*, II, NRF, p. 36)

11

Cette vie est un hôpital où chaque malade est possédé du désir de changer de lit. (*Anywhere Out of the World*)

12

Nul de nous n'a l'honneur d'avoir une vie qui soit à lui. (*Cité* par Guéhenno dans *Journal d'un homme de 40 ans,* Epigraphe)

13

LA VIE EST UN CONTE

Chaque vie commence et finit par une sorte d'accident. (*Tel Quel,* II, p. 348)

14

La vie ne se justifie que par la grandeur et la beauté. Tout le reste est bassesse et sombre farce. (*Cité* par P. de Boisdeffre dans *Une Histoire vivante de la littérature d'aujourd'hui*, p. 196)

15

Je pense que la Destinée dirige une moitié de la vie de chaque homme et son caractère l'autre moitié. (*Journal d'un poète,* Ier avril 1849)

16

Pourquoi fume-t-on? . . . Oh, c'est simple! Pour se cacher la vie; pour tromper le vide intérieur; pour se donner l'illusion de la force . . . La vitesse? . . . De même ; l'illusion de la force. Le faible qui n'a qu'à pousser sur le champignon pour avaler la route, pour effrayer les gens, pour dépasser, dépasser! . . . Vaincre sans effort. Devenir un ogre: l'idéal des petites natures! (*Cité* par R. Poulet dans *Entretiens familiers avec L.-F. Céline*, p. 73)

Men say that they want the truth, and they want only explanations. They say that they seek a meaning for life, and they seek only a goal, that is to say, a way of killing time. —Montherlant

Life and the theater separated by a curtain. —Renard

Our conception of life is changed by a good breakfast. —Montherlant

A change in the weather is enough to recreate both the world and ourselves. —Proust

This life is a hospital in which each patient is possessed by the desire to change beds. —Baudelaire

No one of us has the honor of having a life which is his own. —Hugo

LIFE IS A TALE.
Each life begins and ends with some sort of accident. —Valéry

Life can be justified only by greatness and beauty. Everything else is baseness and a somber farce. —Suarès

I think that Destiny directs one half of each man's life, and his personality the other half. —Vigny

Why does one smoke? . . . Oh, that's simple! To run away from life; to fill the emptiness of the heart; to give oneself the illusion of force . . . Speed? . . . Likewise: the illusion of force. The weak individual who has only to step on the gas to eat up the road, to frighten people, to pass other cars, and pass again! . . . To win without effort. To become an ogre: the ideal of small creatures! —Céline

## 17

La vie est un sommeil, l'amour en est le rêve,
Et vous aurez vécu si vous avez aimé. (*A quoi rêvent les jeunes filles*, Acte I, sc. 1)

## 18

Presque tous les malheurs de la vie viennent des fausses idées que nous avons sur ce qui nous arrive. Connaître à fond les hommes, juger sainement des événements, est donc un grand pas vers le bonheur. *(Journal,* 10 décembre 1801)

## 19

La vie est ce que notre caractère veut qu'elle soit. Nous la façonnons, comme l'escargot sa coquille. (*Journal*, 3 février 1908)

## 20

Voici une maxime profonde, de mon invention, et dont je me suis servi souvent, pour mon plus grand bien: quand une chose est détestable, et cependant inévitable, ce qu'il faut, ce n'est pas la supporter seulement, qui restera lourd quoi qu'on fasse, c'est trouver le biais par quoi l'aimer. Tout est affaire de points de vue, et le malheur n'est souvent que le signe d'une fausse interprétation de la vie. (*Textes sous une occupation*, p. 249-50)

## 21

Il faut un but dans la vie. Le but est clair: vivre; la grandeur de l'homme c'est de vivre dignement dans l'incertain. (*Le Ciel dans la fenêtre,* p. 67)

## 22

La vie devient une chose délicieuse, aussitôt qu'on décide de ne plus la prendre au sérieux. (*Carnets*, Gallimard, p. 234)

## 23

La vie est un mystère terrible. Ne pas s'étonner de ne pas comprendre. (*Réflexions sur la mort*, p. 233)

## 24

La vie n'a qu'un sens: y être heureux. Si vie n'est pas synonyme de bonheur, autant ne pas vivre. (*Carnets*, Gallimard, p. 305)

## 25

La vie est comme les oeuvres d'art: il y a toujours quelque chose qu'on peut en supprimer, non seulement sans gêne, mais avec profit. (*L'Art et la vie, cité* par H. Perruchot dans *Montherlant,* p. 228)

## 17

Life is a sleep, whose dream is love,
And you will have lived, if you have loved. —Musset

## 18

Nearly all the misfortunes of life come from our false ideas concerning what happens to us. To know men thoroughly, to judge events sanely, is then a great step towards happiness. —Stendhal

## 19

Life is what our character wishes it to be. We fashion it as the snail fashions its shell. —Renard

## 20

Here is a profound maxim, of my invention, and one which I have often used to my greatest benefit: when something is detestable, and yet inevitable, what one must do is not merely to endure it — a hard task whatever one may do but find an excuse for loving it. Everything is a matter of points of view, and misfortune is often only the sign of a false interpretation of life. —Montherlant

## 21

One must have a goal in life. The goal is clear: to live; the greatness of man is to live with dignity through the uncertain.
—Chardonne

## 22

Life becomes a delightful thing as soon as one decides not to take it seriously any longer. —Montherlant

## 23

Life is a terrible mystery. Don't be astonished if you do not understand. —Jouhandeau

## 24

Life has only one meaning: to live it happily. If life were not a synonym for happiness, one might as well not live. —Montherlant

## 25

Life is like works of art: there is always something which one can suppress, not only without inconvenience but with profit.
—Montherlant

## 26

Les hommes craignent le silence, comme ils craignent la solitude, par la terreur du néant de la vie que l'un et l'autre laissent apercevoir. *(La Conversation*, Oeuvres complètes, t. 5, p. 466)

## 27

L'ironie me semble dominer la vie. (*Correspondance*, 8-9 mai 1852)

## 28

On ne comprend rien à la civilisation moderne, écrivait Georges Bernanos en 1945, si on n'admet pas d'abord qu'elle est une conspiration universelle contre toute espèce de vie intérieure. (*Le Nouveau Bloc-Note*s, p. 238-39)

## 29

Le rythme général de la vie s'est accéléré, et comme on fait plus de choses, on vit en somme plus longtemps: une journée, un mois, une année de l'homme moderne sont infiniment plus pleins que la journée, le mois ou l'année de nos pères. Pleins de quoi, c'est une autre affaire. Nous en sommes arrivés à considérer que la vitesse est mesure de supériorité. (*Aspects du XXᵉ Siècle*, p. 159)

## 30

Tout ce qui est vie est insaisissable. L'art ne le fixe qu'en trichant. (*Carnets*, Gallimard, p. 321)

## 31

Une seule expérience se fortifie en moi: tout dépend du travail. On lui doit tout, et c'est le grand régulateur de la vie. (*Journal, 3* janvier 1908)

## 32

— Travaillons sans raisonner, dit Martin, c'est le seul moyen de rendre la vie supportable. (*Candide,* ch. 30)

## 26

Men fear silence as they fear solitude on account of the terror of the nothingness of life which both reveal. —Maurois

## 27

Irony seems to me to dominate life. —Flaubert

## 28

One does not understand anything about modern civilization, wrote George Bernanos[1] in 1945, if one does not admit at the outset that it is a universal conspiracy against any kind of inner life. —Mauriac

## 29

The general rhythm of life has accelerated, and as one does more things, one lives, on the whole, longer: one day, one month, one year of modern man is infinitely fuller than the day, the month or the year of our forefathers. Full of what? That's another matter. We have reached the point of considering speed as a measure of superiority. —Siegfried

## 30

Everything which is life is elusive. Art pins it down only by trickery. —Montherlant

## 31

Only one experience is growing stronger in me: everything depends on work. One owes everything to it, and it is the great regulator of life. —Renard

## 32

— "Let us work without arguing," said Martin[2], "it's the only way of making life bearable." —Voltaire

1. French writer (1888-1948)
2. See note 2 in Chapter 1.

*Chapitre 5*

## L'AMOUR

**1**

Le cœur a ses raisons que la raison ne connaît point. (*Pensées*, Brunschvicg, IV, 227)

**2**

Le créateur de toute chose, l'Amour. (*L'Amour*, p. 346)

**3**

Ce que nous appelons amour est l'ambition d'éveiller et de maintenir éveillé, dans une chair, un corps, un esprit étrangers, le souci de flatter à notre place un moi dont nous ne sommes pas très sûrs. (*L'Homme et l'amour,* p. 28)

**4**

Celui qui vous donne son amour vous prend votre liberté. (*Service inutile*, p. 181)

**5**

L'amour est une passion essentiellement égoïste. (*César Birotteau*, Oeuvres complètes, Lévy, t. 8, p. 445)

**6**

C'est pour les faibles que l'amour est un jeu triste. Pour les forts, il est un vin fort. (*L'Homme et l'amour*, p. 19)

## Chapter 5

## LOVE

1

The heart has its reasons which reason does not know. —Pascal

2

Love — the creator of all things. —Michelet

3

What we call love is the ambition of arousing and maintaining aroused, in another's flesh, body, and mind, the task of flattering in our stead an ego of which we are not very sure. —Géraldy

4

He who gives you his love takes away your liberty. —Montherlant

5

Love is essentially an egoistic passion. —Balzac

6

It is for the weak that love is a sad game. For the strong, it is a heady wine. —Géraldy

## 7

L'amour est l'occupation naturelle des oisifs. (*Curiosités esthétiques,* p. 430)

## 8

Jeune homme, tu veux être aimé, n'est-ce pas? Conquérir la femme? Eh bien! Pour cela sois homme. (*L'Amour, p. 95)*

## 9

L'amour, c'est l'espace et le temps rendus sensibles au cœur. (*La Prisonnière*, 2, NRF, p. 249)

## 10

Aimer, c'est ne plus comparer. (*Textes choisis de B. Grasset*, p. 57)

## 11

Aimer, c'est permettre d'abuser. (*En vrac*, p. 215)

## 12

L'homme . . . ne peut pas aimer sans s'aimer. (*La Chute*, P. 41)

## 13

Aimer, ce n'est pas se regarder l'un l'autre, c'est regarder ensemble dans la même direction. (*Terre des hommes*, p. 59)

## 14

L'amour est la plus belle chose de la vie — et la plus sotte. (*Propos d'un jour,* p. 30)

## 15

Laissons les jolies femmes aux hommes sans imagination. (*Albertine disparue*, 1, NRF, p. 41)

## 16

Très certainement il y a de l'ambition dans l'amour. (*Les Passions et l'amour,* Pléiade, p. 414)

## 17

MARYSE. — Je ne suis ni heureuse, ni malheureuse. Je suis amoureuse. (*Le Miroir*, Acte I, se. 8)

## 18

Ainsi qu'au début il est formé par le désir, l'amour n'est entretenu plus tard que par l'anxiété douloureuse . . . L'amour dans l'anxiété douloureuse, comme dans le désir heureux, est l'exigence d'un tout. Il ne naît, il ne subsiste que si une partie reste à conquérir. On n'aime que ce qu'on ne possède pas tout entier. (*La Prisonnière*, 1, NRF, p. 145)

## 19

Amour, Amour, quand tu nous tiens,
On peut bien dire: «Adieu prudence.» (*Fables*, Le Lion amoureux)

Love is the natural occupation of idlers. —Baudelaire

Young man, you want to be loved, you want to conquer woman, don't you? Well, to do that, be a man. —Michelet

Love is space and time made perceptible to the heart. —Proust

To love is not to compare any more. —Grasset

To love is to permit abuse. —Reverdy

Man . . . cannot love without loving himself. —Camus

To love is not to look at each other: it is to look together in the same direction. —Saint-Exupéry

Love is the most beautiful thing in life — and the most foolish. —Léautaud

Let's leave pretty women to men without imagination. —Proust

Very certainly there is ambition in love. —Alain

MARYSE. I am neither happy nor unhappy. I am in love. —Salacrou

Just as at the beginning love is given shape by desire, later it is kept alive by painful anxiety . . . In painful anxiety as in joyful desire, love demands everything. It is born and it thrives only if something remains to be won. One loves only what one does not completely possess. —Proust

Love, love, when you get hold of us,
We can really say "Farewell, prudence." —La Fontaine

L'homme ne désire pas la femme parce qu'il la trouve belle; il décide qu'elle est belle, pour justifier son désir. (*Textes sous une occupation, p. 270*)

21

Le véritable amour résulte de l'harmonie des idées et du contraste des caractères. (*Le Cahier vert*, p. 30)

22

On pardonne tant que l'on aime. (*Maximes*, Vᵉ éd., 330)

23

L'amour, qui n'a qu'un petit coin dans la vie, tient toute la place au théâtre. (*Journal*, 10 décembre 1907)

24

Le «je ne sais quoi» d'une femme, il n'y a que ça qui compte. (*Journal*, 10 février 1896)

25

Il me semble que l'amour est un sentiment si complexe qu'on ne peut le nommer sans le trahir. Il met en jeu presque tous les ressorts et les possibilités d'un homme, comme aussi ses infirmités. Il est un combat entre l'ombre et la lumière — nous n'allons pas jouer les Pères de l'Église — entre une part charnelle et une part spirituelle. Et dans la part charnelle aussi, voyez l'ombre et la lumière. (*Entretien avec Madeleine Chapsal*, cité par J. Duvignaud dans *Arland*, p. 243)

26

Une femme peut aimer à la folie, elle garde toujours du sens pratique. (*Passe-temps*, p. 165)

27

La femme admire toujours la bonté dans l'homme, mais elle méprise vite la gentillesse dès qu'elle n'aime plus. (*Le Livre de mon bord,* p. 45)

28

L'amour est une inépuisable source de réflexions, profondes comme l'éternité, hautes comme le ciel, vastes comme l'univers. (*Journal d'un poète,* 1833)

29

Les femmes ont leurs faiblesses. Elles sont esclaves du cœur. Quand le cœur aime, il ne se soucie pas de comprendre; peu lui importe la logique! Il a la sienne; et si, dans l'être aimé, il est des traits que l'on n'aime pas: c'est simple, il n'y a qu'à voir ce qu'on aime. — Les hommes ont pour cette duperie silencieuse du cœur obstiné un sourire de dédaigneuse supériorité. (*Le Voyage intérieur*, p. 141)

## 20

Man does not desire woman because he thinks that she is beautiful; he decides that she is beautiful to justify his desire.
—Montherlant

## 21

True love results from the harmony of ideas and the contrast of personalities. —Jouffroy

## 22

One forgives as long as one loves. —La Rochefoucauld

## 23

Love, which has only a little place in life, holds the entire stage in the theater. —Renard

## 24

The "something or other" of a woman — only that counts.
—Renard

## 25

It seems to me that love is so complex a sentiment that one cannot define it without betraying it. It brings into play nearly all the resources and possibilities of a man, as well as his weaknesses. It is a struggle between darkness and light — we are not going to preach — between the carnal and the spiritual part. And, in the carnal part, too, there is darkness and light. —Arland

## 26

A woman may love madly; she always keeps some practical sense.
—Léautaud

## 27

Woman always admires kindness in a man, but she quickly despises this kindness as soon as she ceases to love. —Reverdy

## 28

Love is an inexhaustible source of reflections, profound like eternity, lofty like the sky, vast like the universe. —Vigny

## 29

Women have their own weaknesses. They are slaves of the heart. When the heart loves, it does not care to understand; logic matters little to it! It has its own; and if, in the loved one, there are traits which one does not like: that's simple, all one has to do is to see only what one loves. Men have a smile of disdainful superiority for this silent trickery of the obstinate heart. —Rolland

### 30

Ce que tu cherches dans l'amour, c'est l'amitié. (*L'Homme et l'amour,* p. 38)

### 31

Un homme peut tromper une femme par un feint attachement, pourvu qu'il n'en ait pas ailleurs un véritable. (*Les Caractères*, Des Femmes, 69)

### 32

Le plus grand miracle de l'amour, c'est de guérir de la coquetterie. *(Maximes*, V$^e$ éd., 97)

### 33

Une femme qui t'aime, ô mâle stupide, donne moins la mesure de ton pouvoir, comme tu le crois, que la mesure de sa grandeur. (*Carnets,* Gallimard, p. 282)

### 34

A mesure que l'on a plus d'esprit, l'on trouve plus de beautés originales; mais il ne faut pas être amoureux; car quand l'on aime, l'on n'en trouve qu'une. (*Discours sur les passions de l'amour*)

### 35

Il en est du véritable amour comme de l'apparition des esprits; tout le monde en parle mais peu de gens en ont vu. (*Maximes*, V$^e$ éd., 76)

### 36

C'est si facile à une femme de se faire aimer! Nul besoin d'être bien jeune ni bien jolie. Il n'y a qu'à tendre la main d'une certaine façon, et l'homme y met tout de suite son cœur. (*Journal,* 8 décembre 1897)

### 37

Il est plus nécessaire d'aimer pour comprendre, que de comprendre pour aimer. (*Carnets,* Gallimard, p. 376)

### 38

Nous sommes plus près d'aimer ceux qui nous haïssent, que ceux qui nous aiment plus que nous ne voulons. (*Maximes*, V$^e$ éd., 321)

### 39

C'est parce que tu diffères de moi que je t'aime; je n'aime en toi que ce qui diffère de moi. (*Les Nourritures terrestres*, p. 183)

### 30

What you seek in love is friendship. —Géraldy

### 31

A man may deceive a woman through a feigned attachment, provided he does not have a real one elsewhere. —La Bruyère

### 32

The greatest miracle of love is to cure coquetry.
—La Rochefoucauld

### 33

A woman who loves you, oh stupid male, gives less the measure of your power, as you may think, than the measure of her greatness. —Montherlant

### 34

As one has more intelligence, one finds more original beauties; but one must not be in love, because when one loves, one finds only one beauty. —Pascal

### 35

It is with true love as with the appearance of ghosts; everyone speaks of them but few people have seen any.
—La Rochefoucauld

### 36

It is so simple for a woman to make herself loved! She need not be very young nor very pretty. All she has to do is to hold her hand out in a certain way, and man immediately puts his heart in it. —Renard

### 37

It is more necessary to love in order to understand than to understand in order to love. —Montherlant

### 38

We are nearer to loving those who hate us than to loving those who love us more than we want them to. —La Rochefoucauld

### 39

It is because you are different from me that I love you; in you I love only what is different from me. —Gide

## 40

LA DUCHESSE. — Nous autres femmes, vois-tu, il n'y a qu'une seule chose qui ne nous ennuie jamais, c'est d'aimer et d'être aimées! Et plus je vieillis, plus je vois qu'il n'y a pas d'autre bonheur au monde. (*Le Monde où l'on s'ennuie,* Acte I, se. 7)

## 41

L'homme méprise ce qu'on lui offre trop libéralement, il veut que l'amour lui soit une victoire. (*Le Génie féminin français*, p. 44)

## 42

En amour, la femme est plus maîtresse de son désir que l'homme. Elle ne montre pas cette brutalité, cette bestialité d'allure si désagréable que donne à l'homme son désir. Cela d'une manière générale et à dix pas. Mais si elle se laisse prendre dans les bras, elle peut être pis que l'homme. (*Le Livre de mon bord*, p. 165)

## 43

Si on juge l'amour par la plupart de ses effets, il ressemble plus à la haine qu'à l'amitié. (*Maximes*, Vᵉ éd., 72)

## 44

Les êtres humains manifestent en général une grande admiration pour les représentants du sexe opposé. Les hommes ont décidé que la femme est très belle: ils ont inventé le mythe de Vénus, et ils ont toujours dessiné ou sculpté des femmes très belles. Actuellement il y a une tendance contraire. On essaie de nous démontrer que nous nous faisons, sur ce point, bien des illusions, que la beauté ne vient que de l'excitation qu'elle produit, et que, suivant un vers connu: «La beauté de la femme est dans les nerfs de l'homme.» (*L'Amour et la haine,* 1932, p. 151)

## 45

La plus grande preuve d'amour, le plus difficile n'est pas de donner, mais d'accepter, de recevoir. (*Voyages*, p. 61)

## 46

C'est presque toujours la faute de celui qui aime, de ne pas connaître quand on cesse de l'aimer. (*Maximes,* Vᵉ éd., 371)

LA DUCHESSE. For us women, you see, there is only one thing which is never boring; it is to love and be loved! And the older I get, the more I see that there is no other happiness in the world. —Pailleron

## 41

Man despises what is too freely offered to him; he wants love to be a victory for him. —Borély

## 42

In love, woman is more the mistress of her desire than man. She does not show that brutality, that utterly unpleasant bestiality of behavior which man's desire gives to him. That is true in a general manner and when viewed from a distance. But if she lets herself be taken into a man's arms, she can be worse than a man. —Reverdy

## 43

If one judges love by most of its results, it resembles hatred more than friendship. —La Rochefoucauld

## 44

Human beings show in general a great admiration for the members of the opposite sex. Men have decided that woman is very beautiful: they have invented the myth of Venus, and they have always drawn or sculptured very beautiful women. At the present time [ca. 1930], there is a contrary tendency. They [Psychologists] are trying to show us that, on this point, we create many illusions for ourselves, that beauty comes only from the excitement it produces, and that, according to a very well known verse: "The beauty of woman is in the nerves of man." —Janet

## 45

The greatest proof of love, the most difficult thing, is not to give but to accept, to receive. —Guéhenno

## 46

It is nearly always the fault of the one who loves not to recognize when he ceases to be loved. —La Rochefoucauld

Quand on dit:— «Je t'aime toujours de plus en plus», c'est qu'on aime de plus en plus, ou c'est qu'on aime de moins en moins. (*Carnets*, Gallimard, p. 156)

Il est impossible d'aimer une seconde fois ce qu'on a véritablement cessé d'aimer. (*Maximes*, V^e éd., 286)

Dans une séparation, c'est celui qui n'aime pas d'amour qui dit les choses tendres. (*La Prisonnière*, 2, NRF, p. 210)

Le premier enfant d'une femme, c'est l'homme qu'elle aime. (*La Mort du petit cheval*, cité par J. Anglade dans *Hervé Bazin*, p. 205)

Amants, heureux amants, . . .
Soyez-vous l'un à l'autre un monde toujours beau,
Toujours divers, toujours nouveau. (*Fables*, Les Deux Pigeons)

Il n'y a rien de plus naturel ni de plus trompeur que de croire qu'on est aimé. (*Maximes posthumes*, 24)

On m'a reproché quelquefois de n'avoir pas beaucoup d'amour, mais j'ai de l'indignation, qui est une forme de l'amour. (*Service inutile*, p. 28)

Mais sait-on jamais si l'on cesse d'aimer quelqu'un parce qu'il ennuie ou s'il ennuie parce qu'on a cessé de l'aimer? (*Le Livre de mon bord,* p. 95)

L'amour, sans la jalousie, n'est pas l'amour. (*Propos d'un jour*, p. 33)

Il y a dans la jalousie plus d'amour-propre que d'amour. (*Maximes*, V^e éd., 324)

When one says, "I love you more and more," it is because one loves more and more, or because one loves less and less.
—Montherlant

It is impossible to love a second time what one has truly ceased to love. —La Rochefoucauld

In a separation, it is the one who does not love with real love who says tender things. —Proust

A woman's first child is the man she loves. —Bazin

Lovers, happy lovers, . . .
Be unto each other a world ever beautiful,
Ever different, ever new. —La Fontaine

There is nothing more natural nor more deceiving than to believe you are loved. —La Rochefoucauld

I have sometimes been reproached for not having a great deal of love, but I have indignation, which is a form of love.
—Montherlant

But do you ever know whether you cease to love someone because he bores you or whether he bores you because you have ceased to love him? —Reverdy

Love without jealousy is not love. —Léautaud

In jealousy, there is more self-love than love. —La Rochefoucauld

L'amour, c'est un réflecteur qui s'allume en nous, et transfigure l'objet sur lequel il projette ses rayons, rehaussant formes et couleurs, bouleversant toutes proportions et mesures. Puis, la. lampe s'éteint et tout rentre dans l'ordre, dans les modestes et ternes vérités de la nature. (*Le Livre de mon bord*, p. 114)

L'homme est comme un temple. Quand la colonne est brisée, il tombe, et les femmes n'y portent plus leurs dévotions. (*Journal*, 28 septembre 1887)

L'homme qui aime se sent beaucoup plus fort, augmenté dans sa vitalité. (*L'amour et la haine*, p. 283)

Le bonheur d'un homme amoureux est extrême, parce qu'il est fondé sur une réalité placée dans le domaine de l'imagination. (*Mémoires du Prince de Talleyrand* par Paul Léon, t. 1, p. 45)

En amour, tout est vrai, tout est faux; et c'est la seule chose sur laquelle on ne puisse pas dire une absurdité. (*Collection des plus belles pages de Chamfort*, p. 76)

L'intelligence, l'héroïsme, l'ambition, la poésie, l'art, le travail, tout cela est bien quelque chose. Mais tout cela pour moi est secondaire — résolument secondaire — auprès de ce que j'ai toujours nommé et nommerai toujours le Souverain Bien, qui est d'aimer quelqu'un. (*Mors et vita*, p. 185)

On est souvent trompé en amour, souvent blessé et souvent malheureux; mais on aime, et quand on est sur le bord de sa tombe, on se retourne pour regarder en arrière, et on se dit: J'ai souffert souvent, je me suis trompé quelquefois, mais j'ai aimé. (*On ne badine pas avec l'amour,* Acte II, se. 5)

Il y a seulement de la malchance à n'être pas aimé: il y a du malheur à ne point aimer. (*L'Eté, cité* par J.-C. Brisville dans *Camus,* p. 229)

Love is a reflector which lights up in us and transfigures the object on which it projects its rays, enhancing forms and colors, upsetting all proportions and measures. Then the lamp is extinguished and everything returns to the normal state, to the modest and dim truths of nature. —Reverdy

A man is like a temple. When a column is broken, it falls and women no longer bring their devotions to it. —Renard

The man who loves feels much stronger, greater in vitality.
—Janet

The happiness of a man in love is extreme because it is founded upon a reality based on the realm of imagination. —Talleyrand

In love everything is true, everything is false; and it is the only thing about which one cannot say an absurd thing. —Chamfort

Intelligence, heroism, ambition, poetry, art, work; all this is truly worthwhile. But all this for me is secondary — absolutely secondary — compared with what I have always called and will always call the Supreme Good, which is to love someone.
—Montherlant

One is often deceived in love, often wounded and often unhappy; but one loves, and when one is on the brink of death, one turns around to look backward, and one says to oneself: "I have often suffered, I have sometimes been wrong, but I have loved."[1]
—Musset

It is merely bad luck not to be loved: it is a misfortune not to love at all. —Camus

1. The title of the play from which this quotation is taken reads: ONE SHOULDN'T TRIFLE WITH LOVE.

**Chapitre 6**

## LE MARIAGE ET LA FAMILLE

1

Quel est le règne de l'homme sur la femme et de la femme sur l'homme? C'est une science et un art. (*L'Amour,* p. 12)

2

Tout est magie dans les rapports entre homme et femme. (*Mauvaises pensées et autres,* p. 86)

3

Le mariage simplifie la vie et complique la journée. (*Cité* par Christine Gacnier dans *L'Homme et son personnage,* p. 212)

4

POIL DE CAROTTE (un pied sur le banc). — Comment, papa, toi, un observateur, t'es-tu marié avec maman? MONSIEUR LE-PIC. — Est-ce que je savais? Il faut des années, Poil de Carotte, pour connaître une femme, sa femme, et quand on la connaît, il n'y a plus de remède. (*Poil de Carotte*, se. 9)

5

J'ai osé, il y a douze ans, formuler cet axiome, vérifié de plus en plus: «Si vous voulez vous ruiner, épousez une femme riche.» (*L'Amour,* p. 68)

*Chapter 6*

## MARRIAGE AND THE FAMILY

1

What is the power of man over woman and of woman over man? It's a science and an art.—Michelet

2

Everything is magic in the relationship between man and woman. —Valéry

3

Marriage simplifies life and complicates the day. —J. Rostand

4

POIL DE CAROTTE[1]. [one foot on the garden bench] How is it, Dad, that you, an observing man, married Mother?
MR. LEPIC. How was I to know? It takes years, Poil de Carotte, to know a woman, one's wife, and, when one knows her, there is no longer a remedy. —Renard

5

I dared, twelve years ago, to formulate this axiom, now ever so much more verified: "If you wish to ruin yourself, marry a rich woman." —Michelet

1. Poil de Garotte or Red Head (literally "Carrot Top") is an adolescent and the leading character in a play entitled POIL DE CAROTTE.

59

**6**

Il y a de bons mariages; mais il n'y en a point de délicieux. (*Maximes,* V<sup>e</sup> éd., 113)

**7**

Dans les premiers temps du mariage, le rôle de l'homme est si facile! Il prend si aisément de l'influence sur sa femme! Mais qu'il se hâte! (*Jean Barois,* p. 280)

**8**

Elle n'est pas la femme que tu avais rêvée? Heureusement! . . . Il faut se ressembler un peu pour se comprendre, mais il faut être un peu différents pour s'aimer. (*L'Homme et l'amour*, p. 67)

**9**

L'homme croit qu'une femme se conquiert une fois pour toutes, par le désir que l'on a d'elle et la légitimation par M. le maire. Grosse erreur ! Aucune femme, si soumise et passive qu'on la suppose, n'est conquise une fois pour toutes. (*La Femme et l'amour*, p. 18)

**10**

Les humains sont tous différents; chacun est unique par son patrimoine biologique, son caractère si redoutable. Nos pauvres petits mariages échouent devant ce divorce originel. (*Le Ciel dans la fenêtre,* p. 137)

**11**

L'histoire véritable de Molière, quel drame ce fut! Mais toute famille, et même tout couple humain, constitue un drame. *(Le Nouveau Bloc-Notes*, p. 209)

**12**

Le mariage est une religion; il promet le salut, mais il faut la grâce. Vivre ensemble c'est se meurtrir l'un l'autre. (*Le Ciel dans la fenêtre,* p. 138)

**13**

Triste comme une veuve qui regarde par la fenêtre un paysage d'automne. (*Journal,* I<sup>er</sup> avril 1898)

**14**

Je doute qu'un homme quitte sa femme uniquement pour l'amour d'une autre. Il va endurer mille ennuis et une tragédie. Pour le soutenir, il faut un motif plus puissant que la passion. Mais la femme est capable d'héroïsme. Elle oublie tout pour l'amour. (*Eva*, p. 188-89)

## 6

There are some good marriages but there are no exquisite ones.
—La Rochefoucauld

## 7

Early in marriage, the role of man is easy! He influences his wife
so easily! But he must hurry! —Martin du Gard

## 8

She is not the woman you had dreamed of? Fortunately! . . .
People must be a little alike to understand each other but a little
different to love each other. —Géraldy

## 9

Man believes that a woman is conquered once and for all by the
desire one has for her and the legitimation by the mayor.[2] A great
mistake! No woman, however submissive and passive one sup-
poses her to be, is conquered once and for all. —L. Daudet

## 10

Human beings are all different; each one is unique in his biologi-
cal heritage, his character so uncertain. Our poor marriages fail in
the face of this original divorce. —Chardonne

## 11

The true story of Molière,[3] what drama it was! But every family
and even every couple constitutes a drama. —Mauriac

## 12

Marriage is a religion; it promises salvation but it needs grace. To
live together is to chastise each other. —Chardonne

## 13

Sad like a widow looking at an autumn landscape through the
window. —Renard

## 14

I doubt that a man leaves a woman solely for the love of another
woman. He is going to endure a thousand worries and a tragedy.
To help him along, it takes a more powerful motive than passion.
But woman is capable of heroism. She forgets everything for
love. —Chardonne

2. The civil marriage in France is performed by the mayor.
3. France's greatest comic genius, playwright-actor-director-manager of his company.

## 15

Un homme allait, depuis trente ans, passer toutes les soirées chez madame de ***. Il perdit sa femme, on crut qu'il épouserait l'autre, et on l'y encourageait. Il refusa: Je ne saurais plus, dit-il, où aller passer mes soirées. (*Collection des plus belles pages de Chamfort,* p. 107)

## 16

Peu d'hommes sont dignes d'être chefs de famille, et peu de familles sont capables d'avoir un chef. (*Pensées et lettres, présentées* par R. Dumay, p. 140)

## 17

Un homme qui souffre de ce que sa femme et ses enfants ne lui donnent pas autant qu'il leur donne est un benêt. (*Textes sous une occupation,* p. 71)

## 18

Tolstoï dit: «La femme la plus pernicieuse est celle à laquelle nous sommes alliés par les liens de l'habitude.» C'est exagéré. Il pensait à sa femme sans doute.

Tolstoï avait tort de se plaindre de sa femme; elle lui a rendu des services. Une femme est toujours utile à un romancier, même à un philosophe. Nietzsche bénissait Xanthippe qui fut bienfaisante pour Socrate; elle le forçait à rester dans la rue où il fit tant de trouvailles. (*Eva,* p. 71)

## 19

Le chef de famille a perdu à travers les âges ses principales attributions; le voici tout démuni et en général hagard. La femme est libérée et l'Etat dévore les patrimoines.

Pourtant l'essentiel s'est conservé et la famille demeure. . . . La famille . . . se maintient par sa nécessité, ses propres liens uniques. Elle est indispensable. Sans elle beaucoup n'auraient pas eu d'âme. (*Attachements*, Oeuvres complètes, t. 6, p. 182-83)

A man had been going for 30 years to spend his evenings at the home of Madam \*\*\*. He lost his wife, people believed that he would marry the other, and he was encouraged to do so. He refused: "I would no longer know," he said, "where to go and spend my evenings." —Chamfort

## 16

Few men are worthy of being heads of families, and few families are capable of having a head. —Joubert

## 17

A man who suffers because his wife and his children don't give him as much as he gives them is an idiot. —Montherlant

## 18

Tolstoi[4] said: "The most pernicious woman is the one to whom we are united by ties or habit." That's an exaggeration. He was undoubtedly thinking of his wife.

Tolstoi was wrong in complaining about his wife; she rendered him some services. A woman is always useful to a novelist, even to a philosopher. Nietzsche[5] used to bless Xanthippe[6] who was helpful to Socrates; she forced him to stay in the street where he discovered so many things.

—Chardonne

## 19

The head of the family has lost through the ages his principal attributes; look at him now, quite dispossessed and in general haggard. Woman is emancipated and the State eats up the estates.

However, the essential has been preserved and the family remains. . . . The family . . . maintains itself by its necessity, its own unique ties. It is indispensable. Without it, many would not have had a soul. —Chardonne

---

4.   Russian novelist (1828-1910)
5.   German philosopher (1844-1900)
6.   Wife of the Athenian philosopher Socrates (his dates: 469-399 B.C.)

*Chapitre 7*

## L'AMOUR-PROPRE ET L'INTERET

### 1

L'amour-propre est le plus grand de tous les flatteurs. (*Maximes,* Vᵉ éd.,1)

### 2

Quelque découverte que l'on ait faite dans le pays de l'amour-propre, il y reste encore bien des terres inconnues. (*Maximes,* Vᵉ éd., 3)

### 3

L'on s'aime plus que tout. (*Le Livre de mon bord,* p. 169)

### 4

Il n'y a point de passion où l'amour de soi-même règne si puissamment que dans l'amour, et l'on est souvent plus disposé à sacrifier le repos de ce qu'on aime qu'à perdre le sien. (Maximes, Vᵉ éd., 262)

### 5

Otez l'amour-propre de l'amour, il en reste trop peu de chose. (Collection des plus belles pages de Chamfort, p. 70)

### 6

On blesse l'amour-propre; on ne le tue pas. (Carnets, Gallimard, p. 39)

### 7

Soyez tranquille! Je n'oublierai jamais le service que je vous ai rendu. (Journal, 18 juin 1891)

## Chapter 7

## SELF-ESTEEM AND SELF-INTEREST

1

Self-esteem is the greatest of all flatterers. —La Rochefoucauld

2

Whatever discoveries may have been made in the country of self-esteem, there remain still many unknown lands.
—La Rochefoucauld

3

One loves oneself more than anything else. —Reverdy

4

There is no passion in which love of self reigns so powerfully as in love, and one is often more disposed to sacrifice the peace of mind of those one loves than to sacrifice his own. —La Rochefoucauld

5

Take away self-esteem from love and there remains very little else. —Chamfort

6

One wounds self-esteem; one does not kill it. —Montherlant

7

Don't worry! I will never forget the service I have rendered you.
—Renard

### 8

On peut éprouver une telle joie à faire plaisir à quelqu'un, qu'on ait envie de l'en remercier. (*Carnets,* Gallimard, p. 42)

### 9

0 vie atroce! Nous aimons ceux qui sont dévoués, pour les services qu'ils rendent. Nous aimons l'égoïste pour lui- même. (*Carnets*, Gallimard, p. 234)

### 10

Les égoïstes sont les seuls de nos amis pour qui notre amitié soit désintéressée. (*Carnets*, Gallimard, p. 191)

### 11

Quand tous me dites que je suis égoïste, c'est comme si vous me disiez que je suis bien «moi». (*Journal,* 28 mai 1897)

### 12

Le véritable égoïste accepte même que les autres soient heureux, s'ils le sont à cause de lui. (*Journal*, 5 juillet 1908)

### 13

L'intérêt qui aveugle les uns, fait la lumière des autres. (*Maximes*, Vᵉ éd., 40)

### 14

L'intérêt parle toutes sortes de langues, et joue toutes sortes de personnages, même celui de désintéressé. (*Maximes*, Vᵉ éd., 39)

### 15

Les hommes sont menés par l'intérêt ou le sentiment, mais le sentiment n'est qu'un des masques de l'intérêt. (Epilogues, V, p. 80)

### 16

L'intérêt met en œuvre toutes sortes de vertus et de vices. (*Maximes*, Vᵉ éd., 253)

### 17

Nous nous persuadons souvent d'aimer les gens plus puissants que nous, et néanmoins c'est l'intérêt seul qui produit notre amitié; nous ne nous donnons pas à eux pour le bien que nous leur voulons faire, mais pour celui que nous voulons en recevoir. (*Maximes*, Vᵉ éd., 85)

### 18

Il y a grand intérêt, et dans tous les ordres, à oublier les injures reçues, quand bien même on ne les oublierait pas naturellement. (Carnets, Gallimard, p. 197)

### 19

L'intérêt, que l'on accuse de tous nos crimes, mérite souvent d'être loué de nos bonnes actions. (*Maximes*, Vᵉ éd., 305)

### 8

One may experience such a joy in pleasing someone that one feels like thanking him for it. —Montherlant

### 9

Oh atrocious life! We like those who are devoted to us, for the services which they render. We like the egoist for himself. —Montherlant.

### 10

Egoists are the only ones of our friends for whom our friendship is disinterested. —Montherlant

### 11

When you tell me that I am an egoist, it is as if you were telling me that I am truly myself. —Renard

### 12

The true egoist accepts even the fact that others may be happy, if they are so because of him. —Renard

### 13

Self-interest, which blinds some people, is a guiding light to others. —La Rochefoucauld

### 14

Self-interest speaks all sorts of languages, and plays all sorts of roles, even the one of unselfishness. —La Rochefoucauld

### 15

Men are led by self-interest or sentiment, but sentiment is one of the masks of self-interest. —R. de Gourmont

### 16

Self-interest sets in motion all sorts of virtues and vices. —La Rochefoucauld

### 17

We often persuade ourselves that we love people more powerful than ourselves, and yet it is self-interest alone that inspires our friendship. We do not give ourselves to them for the good we would do them but for the benefits we would receive. —La Rochefoucauld

### 18

It is to our great advantage, in all sorts of things, to forget the insults received, even if we don't forget them naturally. —Montherlant

### 19

Self-interest, to which we ascribe all our crimes, often deserves to be praised for our good actions. —La Rochefoucauld

## Chapitre 8

# L'ORGUEIL, LA VANITE, LA MODESTIE

1

Si nous n'avions point d'orgueil, nous ne nous plaindrions pas de celui des autres. (*Maximes,* V<sup>e</sup> éd., 34)

2

Briser l'orgueil de l'homme, c'est casser la colonne vertébrale du serpent. (*Le Livre de mon bord,* p. 64)

3

Seul le manque d'imagination permet l'orgueil de certains sots. La véritable intelligence conçoit très aisément une intelligence supérieure encore à la sienne; et c'est pourquoi les vrais intelligents sont modestes. (*Divers,* p. 42)

4

On est orgueilleux par nature, modeste par nécessité. (*En vrac*, p. 19)

5

Il y a la fausse modestie, mais il n'y a pas de faux orgueil. (*Journal*, 10 mars 1909)

6

L'orgueil est un tyran — la vanité une maîtresse frivole et très légèrement despotique. (*Le Livre de mon bord*, p. 143)

7

Sois modeste! C'est le genre d'orgueil qui déplaît le moins. (*Journal,* 30 septembre 1895)

*Chapter 8*

## PRIDE, VANITY, MODESTY

1

If we had no pride, we would not complain of the pride of others. —La Rochefoucauld

2

Breaking the pride of man is like breaking the spine of the serpent. —Reverdy

3

Only lack of imagination permits the pride of certain fools. Real intelligence imagines very easily an even superior intelligence and that is why really intelligent people are modest. —Gide

4

One is proud by nature, modest by necessity. —Reverdy

5

There is false modesty, but there is no false pride. —Renard

6

Pride is a tyrant — vanity a frivolous and somewhat despotic mistress. —Reverdy

7

Be modest! It is the kind of pride which displeases least. —Renard

La vanité, qui mène le monde, est un sentiment ridicule. L'orgueil, fondé, n'ajoute rien au mérite; quand j'entends parler d'un «bel orgueil», cela me laisse rêveur. Non fondé, il est lui aussi ridicule. La seule supériorité de l'orgueil sur la vanité, c'est que la vanité attend tout, et l'orgueil rien. (*Service inutile,* p. 180)

9

Ce qui nous rend la vanité des autres insupportable, c'est qu'elle blesse la nôtre. (*Maximes,* V^e éd., 389)

10

Notre vanité ne vieillit pas: un compliment, c'est toujours une primeur. (*Journal,* 12 octobre 1900)

11

La vanité rend bête un homme, comme la haine le rend bête. (Carnets, Gallimard, p. 56)

12

La vertu n'irait pas si loin, si la vanité ne lui tenait compagnie. (*Maximes*, V^e éd., 200)

13

Vous dites: «Je suis vaniteux», mais vous l'êtes surtout parce que vous dites que vous l'êtes. (*Journal,* 9 octobre 1889)

14

Qui voudra connaître à plein la vanité de l'homme n'a qu'à considérer les causes et les effets de l'amour. La cause en est un je ne sais quoi, et les effets en sont effroyables. Ce je ne sais quoi, si peu de chose qu'on ne peut le reconnaître, remue toute la terre, les princes, les armées, le monde entier. Le nez de Cléopâtre, s'il eût été plus court, toute la face de la terre aurait changé. (*Pensées, Brunschvicg*, II, 162)

15

Je dis que tout est vanité, parce que mon petit discours n'a pas eu de succès. (*Journal,* 30 mai 1905)

16

Ce qu'on nomme libéralité n'est le plus souvent que la vanité de donner, que nous aimons mieux que ce que nous donnons. (*Maximes,* V^e éd., 263)

### 8

Vanity, which leads the world, is a ridiculous sentiment. When well-founded, pride adds nothing to merit; when I hear someone speaking of a "beautiful pride," that makes me wonder. When unfounded, it is also ridiculous. The only superiority of pride over vanity is that vanity expects everything and pride nothing.
—Montherlant

### 9

What renders the vanity of others unbearable is that it offends our own. —La Rochefoucauld

### 10

Our vanity never grows old: a compliment is always a rejuvenator. —Renard

### 11

Vanity makes a man stupid, as hatred makes him stupid.
—Montherlant

### 12

Virtue would not go so far if vanity did not keep it company.
—La Rochefoucauld

### 13

You say: "I am vain," and you are, especially because you say you are. —Renard

### 14

He who wishes to know fully man's vanity has only to consider the causes and effects of love. The cause is a certain something or other, and the effects are frightful. This something or other — so trifling that one cannot recognize it — stirs the whole earth, rulers, armies, the entire world. If the nose of Cleopatra had been shorter, the whole face of the earth would have been changed. —Pascal

### 15

I say that all is vanity because my little speech was not successful. —Renard

### 16

What one calls generosity is most often only the vanity of giving, which we love better than what we give. —La Rochefoucauld

17

Il n'est point d'homme qui soit tout à fait indifférent aux raffi-
nements et aux grâces de la parure chez la femme qui lui tient le
bras; signe qu'il est heureux de l'approbation des autres; vanité
certainement. Or j'ai fait une remarque qui étonnera les hommes
tout à fait jeunes; c'est que la femme, même la plus élégante et
la plus attentive aux modes, ne fait jamais attention au vêtement
d'un homme qui lui plaît. Il n'y aurait donc point' de vanité du
tout dans l'amour féminin? C'est trop dire. Mais enfin ne soyez
pas dupe de ceci que les femmes sont plus parées et ornées que
les hommes, et n'allez pas en conclure que ce sont les femmes
qui tiennent aux ornements extérieurs; si cela était, on verrait les
hommes en dentelles, en soie, en chapeaux à plumes. Et c'est la
vanité des hommes qui explique la parure des femmes. (*Propos,
Pléiade,* p. 127)

18

Il y a beau jour que j'ai renoncé à rougir de ma vanité, et même
à m'en corriger. De tous mes défauts, c'est celui qui m'amuse le
plus. (*Journal,* 11 juillet 1902)

19

Quelque bien qu'on nous dise de nous, on ne nous apprend rien de
nouveau. (*Maximes,* Ve éd., 303)

20

On croit quelquefois haïr la flatterie; mais on ne hait que la manière de flatter. (*Maximes*, Ve éd., 32)

21

Il y a du plaisir à rencontrer les yeux de celui à qui l'on vient de
donner. (*Les Caractères,* Du Coeur, 45)

22

Nous ne louons d'ordinaire de bon cœur que ceux qui nous admi-
rent. (*Maximes,* Ve éd., 356)

23

Pour l'œil clairvoyant, la modestie n'est guère qu'une forme, plus
visible, de la vanité. (*Journal,* 23 mai 1904)

24

La modestie, peut-être une espèce d'orgueil qui arrive par l'esca-
lier dérobé. (*Journal,* 2 février 1902)

There is no man who is entirely indifferent to the refinements and graces of the attire of the woman who holds his arm; indication that he is happy about the approbation of others; vanity certainly. But, I have made an observation which will surprise men who are very young; it is that a woman, even the most elegant and the most attentive to fashions, never pays any attention to the clothes of a man she loves. Does that mean that there is no vanity at all in feminine love? That's saying too much. But, in a word, don't be a dupe of the fact that women are more dressed up than men, and do not conclude from that it is women who care about external ornaments; if it were so, one would see men wearing laces, silks, hats with feathers. It is the vanity of men which explains the fashion of women. —Alain

### 18

It has been a long time since I stopped blushing about my vanity, and even correcting myself. Of all my faults, it is the one which amuses me most. —Renard

### 19

However well people speak of us, they never tell us anything new. —La Rochefoucauld

### 20

Sometimes one believes that he hates flattery; but one hates only the manner of flattering. —La Rochefoucauld

### 21

There is pleasure in meeting the eyes of the person to whom one has just given something. —La Bruyère

### 22

We usually praise heartily only those who admire us. —La Rochefoucauld

### 23

For the far-seeing eye, modesty is merely a more visible form of vanity. —Renard

### 24

Modesty — perhaps a kind of pride which arrives by the hidden stairway. —Renard

La fausse modestie est le plus décent de tous les mensonges. (*Collection des plus belles pages de Chamfort,* p. 32)

La modestie est toujours de la fausse modestie. (*Journal,* 15 avril 1902)

Il est difficile de dire à quel moment précis le souci de devenir modeste se sépare de la crainte de devenir ridicule. Mais cette crainte et ce souci se confondent sûrement à l'origine. (*Le Rire*, Alcan, p. 178)

Quelque chose de plus déplaisant que l'arrivisme, c'est l'étalage de la modestie. (*Journal,* 10 décembre 1909)

Nous aimons quelquefois jusqu'aux louanges que nous ne croyons pas sincères. (*Maximes,* IIe éd., 234)

Ce qu'il y a de mieux dans la modestie c'est l'intelligence qu'il faut déployer pour s'y tenir. (*En vrac*, p. 51)

Je deviens un peu plus modeste, mais un peu plus orgueilleux de ma modestie. (*Journal*, 26 mars 1906)

### 25

False modesty is the most decent of all lies. —Chamfort

### 26

Modesty is always false modesty. —Renard

### 27

It is difficult to say at what precise moment the concern about being modest is separated from the fear of becoming ridiculous. But this fear and this concern are surely indistinguishable at the beginning. —Bergson

### 28

Something more offensive than unscrupulous ambition is the display of modesty. —Renard

### 29

Sometimes we like even the praise we believe insincere.
—Vauvenargues

### 30

The best thing about modesty is the intelligence one must display to hold to it. —Reverdy

### 31

I am becoming a little more modest, but a little more proud of my modesty. —Renard

*Chapitre 9*

## LES VERTUS ET LES VICES, LES QUALITÉS ET LES DÉFAUTS

1

Nos vertus ne sont le plus souvent que des vices déguisés. (Épigraphe de la IVe éd. des *Maximes*)

2

Les vertus se perdent dans l'intérêt, comme les fleuves se perdent dans la mer. (*Maximes*, Ve éd., 171)

3

Les vices entrent dans la composition des vertus, comme les poisons entrent dans la composition des remèdes. La prudence les assemble et les tempère, et elle s'en sert utilement contre les maux de la vie. (*Maximes,* Ve éd., 182)

4

Il faut choisir les vertus qui grandissent. Vertu suprême: l'énergie. (*Les Thibault, cité* par J. Brenner dans *Martin du Gard*, p. 195)

5

La gentillesse est la première des vertus. (La Foi difficile, p. 10)

*Chapter 9*

## VIRTUES AND VICES, QUALITIES AND FAULTS

1

Most often our virtues are only vices in disguise.
—La Rochefoucauld

2

Virtues are lost in self-interest, as rivers are lost in the sea.
—La Rochefoucauld

3

Vices are included in the composition of virtues as poisons are included in the composition of medicine. Prudence selects and tempers these ingredients, and it uses them advantageously against the ills of life. —La Rochefoucauld

4

It is necessary to choose those virtues which grow. Supreme virtue: energy. —Martin du Gard

5

Kindness is the foremost of virtues. —Guéhenno

**6**

Vertu première: la patience.

Rien à voir avec la simple attente. Elle se confond plutôt avec l'obstination. (*Les Nouvelles Nourritures*, p. 142)

**7**

La patience est amère; mais son fruit est doux. (*Pensées,* Amsterdam, 1763)

**8**

La patience est l'art d'espérer. (*Maximes*, IIᵉ éd., 251)

**9**

L'espérance est la volonté des faibles. (*Service inutile*, p. 124)

**10**

Les faibles n'ont ni amours ni haines durables, car la force est nécessaire à la stabilité des sentiments. (*L'Amour et la haine*, p. 304)

**11**

La prudence n'est qu'une qualité; il ne faut pas en faire une vertu. (*Journal*, 8 avril 1897)

**12**

On parle du «don des larmes». Parlez-moi du don du mépris. Du juste mépris, s'entend. Le mépris est vertu quand il s'applique au péché contre l'esprit — la bêtise, — au péché contre l'âme — la bassesse, — à tous les péchés contre la morale. Et c'est être méprisable, que ne pas mépriser. (*Carnets*, Gallimard, p. 198)

**13**

La gloire ne peut être où la vertu n'est pas. (*Premières méditations poétiques*, II, L'Homme)

**14**

Nous aurions souvent honte de nos plus belles actions, si le monde voyait tous les motifs qui les produisent. (*Maximes,* Vᵉ éd., 409)

**15**

L'évidente faiblesse des justes ce n'est pas qu'ils craignent pour eux-mêmes, mais c'est plutôt qu'ils craignent d'être méchants. (*Propos*, Pléiade, p. 1149)

Foremost virtue: patience.
It has nothing to do with mere waiting. Rather, it may be identified with persistence. —Gide

7

Patience is bitter; but its fruit is sweet. —Rousseau

8

Patience is the art of hoping. —Vauvenargues

9

Hope is the will power of the weak. —Montherlant

10

The weak have neither lasting loves nor lasting hatreds, for strength is necessary for the stability of sentiments. —Janet

11

Prudence is only a quality; one must not make a virtue of it.
—Renard

12

People speak of the "gift of tears." Speak to me of the gift of contempt. Of a just contempt, of course. Contempt is a virtue when it is applied to the sin against intelligence — Stupidity, to the sin against the soul — Baseness, to all the sins against morality. And not to despise is to be contemptible. —Montherlant

13

There is no glory where there is no virtue. —Lamartine

14

We would often be ashamed of our finest actions if the world saw all the motives which produce them. —La Rochefoucauld

15

The evident weakness of the just is not that they fear for themselves but rather that they are afraid of being wicked. —Alain

Rien n'est plus limité que le plaisir et le vice. (*Le Temps retrouvé,* 1, NRF, p. 182)

L'envie est la plus vaine des passions. (*Propos*, Pléiade, p. 1282)

On n'a guère de défauts qui ne soient plus pardonnables que les moyens dont on se sert pour les cacher. (*Maximes*, V^e éd., 411)

Il y a beaucoup moins d'ingrats qu'on ne croit; car il y a bien moins de généreux qu'on ne pense. (*Oeuvres Choisies*, Gidel, p. 417)

La pitié, c'est la forme tendre de la peur: c'est la peur des intelligents, des imaginatifs, des prévoyants. (*Notes sur le rire,* p. 116)

Sous prétexte que la perfection n'est pas de ce monde, ne gardez pas, soigneusement, tous vos défauts. (*Journal,* 13 mars 1906)

Il n'y a pas des gens prudents et des gens imprudents, mais des gens qui sont prudents ici, et imprudents là. Tel prudent épouvante par sa témérité tel autre prudent. Leurs lignes de prudence ne coïncident pas. (*Carnets*, Gallimard, p. 321)

La simplicité, chez les forts, n'est qu'un des moyens de leur force. (*Au bord du temps,* p. 63)

Le vrai patient est celui qui sait maîtriser une grande impatience; où il n'y a pas d'impatience, la patience n'a aucune raison d'intervenir. (*En vrac*, p. 120)

Il y a des méchants qui seraient moins dangereux s'ils n'avaient aucune bonté. (*Maximes*, V^e éd., 284)

Certains menteurs ont un tel besoin de mentir qu'on a pitié d'eux et qu'on les aide. (*Journal*, I^er février 1910)

### 16
Nothing is more limited than pleasure and vice. —Proust

### 17
Envy is the most vain of passions. —Alain

### 18
Most of our faults are more excusable than the means we use to hide them. —La Rochefoucauld

### 19
There are far fewer ungrateful people than one believes, because there are far fewer generous people than one thinks.
 —Saint-Évremont

### 20
Pity is the tender form of fear: it is the fear of the intelligent, the imaginative, the far-sighted. —Pagnol

### 21
Under the pretext that perfection is not of this world, do not hold fast to all your faults. —Renard

### 22
There are no prudent people and imprudent people, but people who are prudent in this and imprudent in that. A certain prudent man frightens another prudent man by his temerity. Their lines of prudence do not coincide. —Montherlant

### 23
Simplicity, in strong people, is only one of the means of their strength. —Henriot

### 24
The truly patient individual is the one who knows how to master his great impatience; where there is no impatience, patience has no reason for intervening. —Reverdy

### 25
There are wicked people who would be less dangerous if they had no good qualities. —La Rochefoucauld

### 26
Certain liars have such a need to lie that one pities them and helps them to lie. —Renard

27

Je suis passionné pour la vérité, et pour les mensonges qu'elle autorise. (*Journal,* 23 juillet 1898)

28

Menteur — comme un qui croit qu'il possède le vrai. (*Carnet d'un biologiste*, p. 158)

29

La vérité ne fait pas tant de bien dans le monde, que ses apparences y font de mal. (*Maximes*, V<sup>e</sup> éd., 64)

30

Nous avons oublié de dire du scandale: qu'il est une revanche de la vérité sur l'hypocrisie du monde. (*Silhouette du scandale,* p. 36)

31

L'hypocrisie est un hommage que le vice rend à la vertu.
(*Maximes,* V<sup>e</sup> éd., 218)

32

Il n'est pas d'autre salut que l'amour de la vérité. (*Sur le chemin des hommes*, p. 228)

33

La générosité de certaines gens est sans bornes. Il y a d'abord ce qu'ils donnent, puis il y a surtout ce qu'ils promettent. Et ça finit par faire un total énorme. (*Le Livre de mon bord*, p. 160)

34

Le charme: une manière de s'entendre répondre oui sans avoir posé aucune question claire. (*La Chute,* cité par J.-C. Brisville dans *Camus*, p. 238)

35

Il y a des gens si ennuyeux qu'ils vous font perdre une journée en cinq minutes. (*Journal*, I<sup>er</sup> février 1903)

## 27

I have a passion for truth, and for the lies it permits. —Renard

## 28

Liar — like someone who believes he possesses the truth.
—J. Rostand

## 29

The truth does not do as much good in the world as its appearances do harm. —La Rochefoucauld

## 30

We have forgotten to say about scandal: it is a revenge that truth takes on the hypocrisy of the world. —Aymé

## 31

Hypocrisy is a tribute that vice pays to virtue. —La Rochefoucauld

## 32

There is no salvation other than love of truth. —Guéhenno

## 33

The generosity of certain people has no limit. First, there is what they give, then there is, above all, what they promise. And that adds up to an enormous total. —Reverdy

## 34

Charm: Someone's manner of saying Yes without our having asked any definite question. —Camus

## 35

There are people so boring that they make you waste a day in five minutes. —Renard

## Chapitre 10

## LA SOCIÉTÉ, LA POLITESSE

### 1

Il faut croire que l'homme a voulu vivre en société, puisque la société existe, mais aussi, depuis qu'elle existe, l'homme emploie une bonne part de son énergie et de son astuce à lutter contre elle. (*Le Grand Bob*, cité par B. de Fallois dans *Simenon*, p. 227)

### 2

Dans une société d'égaux, l'individu agit contre l'égalité. Dans une société d'inégaux, le plus grand nombre travaille contre l'inégalité. (*Regards sur le monde actuel*, p. 97)

### 3

L'égalité est moins belle, mais plus juste que l'inégalité. (*Journal d'un poète*, novembre 1840)

### 4

Réflexions sur l'égalité. Elle n'est point dans l'ordre naturel. L'animal le plus fort et le plus intelligent règne. (*Carnets*, p. 64-65)

## Chapter 10

# SOCIETY, POLITENESS

1

One is led to think that man has wanted to live in society, seeing that society exists; but also, since it has existed, man has used a great part of his energy and of his astuteness in struggling against it. —Simenon

2

In a society of equals, the individual acts against equality. In a society of unequals, the majority works against inequality. —Valéry

3

Equality is less beautiful but more just than inequality. —Vigny

4

Reflections on equality: It isn't at all in the natural order of things. The strongest and most intelligent animal rules. —Saint-Exupéry

Une société où l'égalité des conditions serait rigoureusement garantie et maintenue entrerait en somnolence. (*Situation de la Terre, p. 207*)

Notre personnalité sociale est une création de la pensée des autres. (*Du côté de chez Swann,* 1, NRF, p. 33)

La société a toujours une part de responsabilité dans la mauvaise conduite d'un de ses membres. (*L'Homme dans la nature et la société*, p. 89)

Si les hommes ne se flattaient pas les uns les autres, il n'y aurait guère de société. (*Maximes*, IIe éd., 921)

Le monde récompense plus souvent les apparences du mérite que le mérite même. (*Maximes*, Ve éd., 166)

Si vous exercez une influence, feignez au moins de l'ignorer. (*Carnets*, Gallimard, p. 316)

Il y a une espèce de honte d'être heureux à la vue de certaines misères. (*Les Caractères*, De l'homme, 82)

On ne peut pas sortir de l'ombre, même un peu, sans exciter la haine de beaucoup. (*Cité par Julien Green dans Le Bel Aujourd'hui*, p. 15)

Comment faire des choses grandes, quand tant d'heures sont perdues à ménager la susceptibilité des gens? Il faut vivre à genoux. (*Carnets*, Gallimard, p. 69)

Il n'y a pas de société sans élite. (*La République des professeurs,* p. 239)

Ne peut-on pas dîner chez les gens et ne leur trouver aucun talent? (*Journal,* 6 mars 1894)

Un sot trouve toujours un plus sot qui l'admire. (*L'Art poétique*, v. 232)

### 5

A society where equality of conditions would be strictly guaranteed and maintained would become passive. —Romains

### 6

Our social personality is a creation of the thought of others. —Proust

### 7

Society always has a share of responsibility in the bad behavior of its members. —Delore

### 8

If men did not flatter each other, there would scarcely be any society. —Vauvenargues

### 9

The world rewards more often the appearances of merit than merit itself. —La Rochefoucauld

### 10

If you exercise some influence, pretend at least not to know it. —Montherlant

### 11

There is a kind of shame in being happy at the sight of certain miseries. —La Bruyère

### 12

One cannot distinguish himself, even a little, without arousing the hatred of many. —Valéry

### 13

How can we do great things when so many hours are wasted in sparing the delicate feelings of people? We must live on our knees. —Montherlant

### 14

There is no society without an elite. —Thibaudet

### 15

May one not dine at people's homes without finding any virtues in them? —Renard

### 16

A fool always finds a bigger fool who admires him. —Boileau

Et je vous suis garant Qu'un sot savant est sot plus qu'un sot ignorant. (*Les Femmes savantes*, v. 1296)

Pour vivre tous les jours avec les mêmes personnes, il faut garder
avec elles l'attitude qu'on aurait si on ne les voyait que tous les
trois mois. (*Journal*, 28 septembre 1895)

Les hommes ne peuvent s'entendre que sur des préjugés. (Carnets,
Gallimard, p. 24)

Il est aussi facile de se tromper soi-même sans s'en apercevoir,
qu'il est difficile de tromper les autres sans qu'ils s'en aperçoi-
vent. (*Maximes*, V<sup>e</sup> éd., 115)

Cela use, à la longue, d'avoir raison tout seul. Cela use, de s'entendre toujours dire: «Mais, monsieur, vous êtes le seul qui vous
plaigniez!» et de reconnaître que c'est vrai, qu'on est le seul,
quand les raisons de se plaindre sont criantes. Cela use, d'être le
seul qui n'accepte pas, au milieu de l'océan des dos courbés. Et un
jour, soi aussi, dans le petit et dans le grand, on finit par accepter.
(*Service inutile*, p. 87)

J'ai l'impression que, si les hommes ne s'aiment pas, c'est faute
de connaissance, et surtout par peur. Nous détestons ce dont nous
avons peur. (Cité par B. de Fallois dans *Simenon*, p. 237)

Il faut, autant qu'on peut, obliger tout le monde:
On a souvent besoin d'un plus petit que soi. (*Fables*, Le Lion et
le rat)

Quand tout le monde a tort, tout le monde a raison. (*La Gouver-
nante*, Acte I, se. 3)

Quand tout le monde est fou, c'est un grave inconvénient de ne
pas l'être. (*Au bord du temps*, p. 22)

### 17

And I guarantee you that a learned fool is a bigger fool than an ignorant fool. —Molière

### 18

To live every day with the same people, one must keep the same attitude one would have if one saw them every three months.
—Renard

### 19

Men can agree only on prejudices. —Montherlant

### 20

It is as easy to deceive oneself without noticing it, as it is difficult to deceive others without their realizing it. —La Rochefoucauld

### 21

It is tiring, in the long run, to be right all by yourself. It is tiring to always be told: "But, sir, you are the only one who is complaining!" and to recognize that it is true that you are the only complainer when the reasons for complaining are glaring. It is tiring to be the only one who does not conform in the middle of an ocean of bowed heads. And one day, you too, in little as in big things, finally conform. —Montherlant

### 22

I have the impression that, if men do not love one another, it is for lack of knowledge, and especially because of fear. We detest what we fear. —Simenon

### 23

We must, as much as we can, oblige everyone:
One often needs someone smaller than oneself. —La Fontaine

### 24

When everyone is wrong, everyone is right. —La Chaussée

### 25

When everyone is crazy, it is a great drawback not to be.
—Henriot

## 26

La politesse varie d'une société à l'autre comme le langage; mais le calme et la mesure sont politesse en tout pays. (*Les Passions et la sagesse*, Pléiade, p. 1243-44)

## 27

Règle de politesse: ne pas se plaindre devant un tiers (parce que nous le forçons à feindre de compatir; donc, le gênons). (*Carnets*, Gallimard, p. 315)

## 28

La première règle de la politesse est de ne pas signifier sans le vouloir. La seconde est que le vouloir n'y paraisse point. La troisième est de rester souple en toutes ses actions. La quatrième, de ne jamais penser à soi. La cinquième, de suivre la mode. (*Définitions*, p. 169)

## 29

Vous noterez que l'extrême politesse est aussi nécessaire entre amis qu'entre étrangers: le défaut de politesses, chez l'un des amis corrompt, puis brise une amitié. (*Service inutile,* p. 181)

## 30

La politesse est la fleur de l'humanité. Qui n'est pas assez poli n'est pas assez humain. (*Pensées et lettres*, présentées par R. Dumay, p. 148)

## 31

C'est ainsi que je concevrais la politesse; ce n'est qu'une gymnastique contre les passions. Etre poli, c'est dire ou signifier, par tous ses gestes et par toutes ses paroles: «Ne nous irritons pas; ne gâtons pas ce moment de notre vie.» (*Propos*, Pléiade, p. 99)

## 32

Les coutumes de politesse sont bien puissantes sur nos pensées; et ce n'est pas un petit secours contre l'humeur et même contre le mal d'estomac si l'on mime la douceur, la bienveillance et la joie. (*Propos*, Pléiade, p. 360)

## 33

La politesse est l'art de s'ennuyer sans ennui ou (si vous l'aimez mieux) de supporter l'ennui sans s'ennuyer. (*Pensées et lettres*, présentées par R. Dumay, p. 152)

## 26

Politeness varies from one society to another, like language; but composure and restraint are considered politeness in every country. —Alain

## 27

Rule of politeness: not to complain before a third person (because we force him to pretend to sympathize; therefore, we embarrass him). —Montherlant

## 28

The first rule of politeness is not to do or say anything unwillingly. The second is that volition should not be apparent. The third is to remain flexible in all one's actions. The fourth, never to think of oneself. The fifth, to follow the fashion. —Alain

## 29

You will note that extreme politeness is as necessary between friends as between strangers: the lack of politeness in one of our friends corrupts, then breaks up a friendship. —Montherlant

## 30

Politeness is the flower of humanity. He who is not sufficiently polite is not sufficiently human. —Joubert

## 31

It is thus that I would conceive politeness: it is nothing but gymnastics against passions. To be polite is to say or to signify, by all gestures and by all words: "Let's not get angry; let's not spoil this moment of our lives." —Alain

## 32

Habitual acts of politeness have a powerful influence on our thoughts, and it is no mean help for bad temper and even for stomach ache if you assume sweetness, kindness and joy. —Alain

## 33

Politeness is the art of getting bored without boredom or (if you prefer) of enduring boredom without getting bored. —Joubert

## Chapitre 11

# L'AMITIE, LA CONVERSATION

### 1

Notre amitié ne pouvait pas durer: nous nous sommes trop vidés l'un l'autre. (*Journal,* 29 mars 1894)

### 2

Il est plus honteux de se défier de ses amis, que d'en être trompé. (*Maximes*, Ve éd., 84)

### 3

Ne dites jamais du mal de vous, vos amis en diront assez. (*Mémoires du Prince de Talleyrand* par Paul Léon, t. 4, p. 21)

### 4

Nous pardonnons aisément à nos amis les défauts qui ne nous regardent pas. (*Maximes*, Ve éd.,., 428)

### 5

L'amitié, soit; mais à condition qu'on ne soit pas obligé de se voir trop souvent.  Tout créateur véritable rêve d'une vie sans amis. (*Textes sous une occupation*, p. 149)

### 6

Avec une femme, l'amitié ne peut être que le clair de lune de l'amour. (*Journal,* 10 novembre 1888)

*Chapter 11*

## FRIENDSHIP, CONVERSATION

1

Our friendship could not last: we emptied our hearts of all we had to give to each other. —Renard

2

It is more shameful to distrust one's friends than to be deceived by them. —La Rochefoucauld

3

Never say bad things about yourself; your friends will say enough. —Talleyrand

4

We easily forgive our friends the faults which do not concern us. —La Rochefoucauld

5

Friendship, I grant it; provided, however, that we are not obliged to see each other too often. Every true creator dreams of a life without friends. —Montherlant

6

With a woman, friendship can only be the moonlight of love. —Renard

**7**

L'amitié, un oiseau d'amour qui a la queue coupée. (*Journal,* 30 décembre 1896)

**8**

Un ami, c'est quelqu'un à qui l'on a donné barre sur soi mais qui doit bien se garder d'en abuser. C'est ce qui, entre l'homme et la femme, mériterait surtout d'être compris. (*Le Livre de mon bord,* p. 69)

**9**

Dans l'adversité de nos meilleurs amis nous trouvons toujours quelque chose qui ne nous déplaît pas. (*Maximes suprimées*, 15)

**10**

J'ai deux, trois, quatre amis: eh bien! je suis contraint d'être un homme différent avec chacun d'eux, ou plutôt de montrer à chacun la face qu'il comprend. C'est une des plus grandes misères que de ne pouvoir jamais être connu et senti tout entier par un même homme; et quand j'y pense, je crois que c'est là la souveraine plaie de la vie. (*Journal*, 9 juin 1823)

**11**

M.*** me disait: J'ai renoncé à l'amitié de deux hommes, l'un parce qu'il ne m'a jamais parlé de lui, l'autre parce qu'il ne m'a jamais parlé de moi. (*Collection des plus belles pages de Chamfort,* p. 117-18)

**12**

Si nous étions un peu plus sévères pour nos amis, ils ne nous paraîtraient pas aussi méprisables quand ils deviennent nos ennemis. (*Journal,* 26 septembre 1906)

**13**

Il y a toujours un peu de vide dans les amitiés les plus pleines, comme dans les œufs. (*Journal*, 15 janvier 1904)

**14**

Les amitiés renouées demandent plus de soins que celles qui n'ont jamais été rompues. (*Maximes posthumes*, 27)

**15**

Nul plaisir n'a saveur pour moi, dit Montaigne, sans communication: marque de l'estime que l'homme a pour l'homme. (*Quinze pensées inédites de Pascal, J. Mesnard, dans Le Figaro Littéraire*, 7 juillet 1962)

Friendship — a bird of love with the tail clipped off. —Renard

A friend is someone to whom we have given privileges over us, but who must be very careful not to abuse them. That's something which should be especially understood between a man and woman. —Reverdy

In the adversity of our best friends we always find something which does not displease us. —La Rochefoucauld

I have two, three, four friends: well, I am forced to be a different man with each of them, or rather to show each one the face he understands. Never being able to be known and understood completely by one and the same man is one of the greatest miseries, and when I think of it, I think that it is the greatest evil in life. —Delacroix

Mr. *** was telling me: I have given up the friendship of two men, one because he never spoke to me about himself, the other because he never spoke to me about myself. —Chamfort

If we were a little more severe toward our friends, they would not seem so contemptible to us when they become our enemies. —Renard

There always is a little empty spot in the fullest of friendships, as in eggs. —Renard

Renewed friendships require more attention than those which have never been broken. —La Rochefoucauld

Without communication, says Montaigne, no pleasure has savor for me: an indication of the esteem that man has for man. —Pascal

Tout ce que tu dis parle de toi: singulièrement quand tu parles d'un autre. (*Mauvaises pensées et autres*, p. 79)

### 17

Faire causer, c'est le talent le plus rare; c'est bien plus difficile que de parler soi-même. (*Journal,* 17 février 1904)

### 18

Nous ne trouvons guère de gens de bon sens que ceux qui sont de notre avis. (*Maximes*, Vᵉ éd., 347)

### 19

Quand un homme ne parle que de ce qu'il sait, il a toujours l'air plus savant que nous. (*Journal*, 22 juillet 1903)

### 20

Dans toute discussion, ce n'est pas une thèse que l'on défend — c'est Soi-même. (*Mauvaises pensées et autres*, p. 178)

### 21

Il y a un art de contredire qui est la plus adroite des flatteries. (*La Conversation, Oeuvres complètes*, t. 5, p. 454)

### 22

Je ne me suis jamais aperçu que les compliments qu'on me fait ne sont pas sincères. (*Journal*, 22 février 1898)

### 23

Nous aimons la franchise de ceux qui nous aiment. La franchise des autres s'appelle insolence. (*La Conversation*, Oeuvres complètes, t. 5, p. 453)

### 24

C'est une grande misère que de n'avoir pas assez d'esprit pour bien parler, ni assez de jugement pour se taire. (*Les Caractères*, De la Société et de la Conversation, 18)

### 25

Un tel disait des choses sages, et s'en vantait. Un sage lui dit: «Si tu étais vraiment sage, ce que tu viens de penser et de dire, tu l'aurais pensé et ne l'aurais pas dit.» (*Carnets*, Gallimard, p. 72)

### 26

La conversation par téléphone est à mi-chemin entre l'art et la vie. On y parle avec l'image qu'on a formée de l'auditeur. (*La Conversation*, Oeuvres complètes, t. 5, p. 455)

## 16

Everything you say speaks of yourself: particularly when you speak of others. —Valéry

## 17

To make people talk is the rarest of talents: it's much more difficult than to talk oneself. —Renard

## 18

We scarcely find any people of good sense except those who agree with us. —La Rochefoucauld

## 19

When a man speaks only of what he knows, he always seems more learned than we. —Renard

## 20

In any discussion, it is not a thesis that one defends — it's Oneself. —Valéry

## 21

There is an art in contradicting which is the most skillful of flatteries. —Maurois

## 22

I have never noticed that the compliments addressed to me are not sincere. —Renard

## 23

We like the frankness of those we love. The frankness of others is called insolence. —Maurois

## 24

It's a great misfortune not to have enough intelligence to speak well, nor enough judgment to keep still. —La Bruyère

## 25

A certain individual was saying wise things and was boasting about them. A wise man said to him: "If you were really wise, you would have thought what you just thought and said, but you would not have said it." —Montherlant

## 26

A telephone conversation is midway between art and life. One speaks with the image one has formed of the listener. —Maurois

Ce qui fait que peu de personnes sont agréables dans la conversation, c'est que chacun songe plus à ce qu'il a dessein de dire qu'à ce que les autres disent, et que l'on n'écoute guère quand on a bien envie de parler. (*Réflexions*, De la Conversation)

S'il y a beaucoup d'art à savoir parler à propos, il n'y en a pas moins à savoir se taire. Il y a un silence éloquent qui sert à approuver et à condamner: il y a un silence de discrétion et de respect. Il y a enfin des tons, des airs et des manières, qui font tout ce qu'il y a d'agréable ou de désagréable, de délicat ou de choquant dans la conversation. Mais le secret de s'en bien servir est donné à peu de personnes. (*Réflexions*, De la Conversation)

Un salon doit être assez grand pour que deux groupes y puissent parler l'un de l'autre sans risquer d'être entendus. (*La Conversation*, Oeuvres complètes, t. 5, p. 461)

La parole n'a été donnée à l'homme que pour déguiser la pensée. (*Mémoires du Prince de Talleyrand* par Paul Léon, t. 3, p. 30)

On n'imagine pas combien il faut d'esprit pour n'être jamais ridicule. (*Collection des plus belles pages de Chamfort*, p. 40)

II est bon de parler et meilleur de se taire;
Mais tous deux sont mauvais alors qu'ils sont outrés.
(*Fables, L'Ours* et l'amateur de jardins)

The reason why few people are agreeable in conversation is that each one is thinking more of what he is planning to say than of what the others are saying, and that one scarcely listens when one wishes to talk. —La Rochefoucauld

### 28

If there is a great deal of art in knowing how to speak well and at the right time, there isn't any less art in knowing how to keep silent. There is an eloquent silence which serves to approve or to condemn. There is a silence of discretion and respect. Finally, there are tones, airs, and manners which constitute what is most agreeable or disagreeable, delicate or shocking in conversation. But the secret of using them well is given only to few.
—La Rochefoucauld

### 29

A parlor should be large enough so that two groups may speak of each other without running the risk of being heard. —Maurois

### 30

Speech was given to man only to disguise thought.[1] —Talleyrand

### 31

You cannot imagine how much intelligence it takes never to be ridiculous. —Chamfort

### 32

It is good to talk and better to hold one's tongue;
But both things are bad when they are exaggerated. —La Fontaine

1. This witticism has been attributed to several people.

### Chapitre 12

## L'ARGENT

1

Je sais enfin ce qui distingue l'homme de la bête: ce sont les ennuis d'argent. (*Journal*, 16 décembre 1904)

2

Il est difficile de ne pas prendre au sérieux un homme qui a gagné cinquante millions, ou disons cent, car cela ne coûte pas plus à écrire. (*Propos*, Pléiade, p. 965)

3

La richesse est une huile qui adoucit les machines de la vie. (*Tel Quel*, I, p. 102)

4

Le désir de profit est lui-même monstrueusement prolifique et, dès que la première cellule du désir est formée, l'homme est bientôt dévoré par un monstre qui ne cesse pas de grandir. (*Lettre aux paysans*, p. 83)

*Chapter 12*

## MONEY

1

At last I know what distinguishes man from the animal: it is worries over money. —Renard

2

It is difficult not to take seriously a man who has earned fifty million, or let's say one hundred million, for that does not cost any more to write. —Alain

3

Wealth is an oil which lubricates the machines of life. —Valéry

4

The desire of profit is itself monstrously prolific and, as soon as the first cell of desire has been formed, man is soon devoured by a monster which never stops growing. —Giono

### 5

On calomnie l'argent qui, en soi, est une excellente chose, une invention géniale de l'homme toujours en travail de se libérer. Ce qui est honteux, c'est qu'il ait acquis une telle valeur morale et que, de simple moyen d'échange, il soit devenu le but suprême des efforts les plus louables comme les moins honorables de l'humanité. (*Le Livre de mon bord*, p. 126-27)

### 6

Il ne se fait aucun profit qu'au dommage d'autrui. (*Essais*, I, ch. 21)

### 7

Le plus riche des hommes, c'est l'économe. Le plus pauvre, c'est l'avare. (*Collection des plus belles pages de Chamfort*, p. 31)

### 8

Je ne parviens pas à comprendre le pourquoi de cette multitude de crimes et d'horreurs qui depuis l'aube du monde ont pour cause le seul argent . . . Seule une profonde grossièreté et vulgarité de nature — celle qui bée vers les faux biens — a de «gros besoins d'argent», et c'est pourquoi quiconque, ayant plus que l'aisance, tire encore vers l'argent, m'inspire dédain et dégoût. Mais, si cela est vrai de l'homme dans la force de l'âge, combien plus encore du vieillard! (*Textes sous une occupation*, p. 171-72)

### 9

J'aime l'argent, je l'avoue, il me rassure. Aussi longtemps que je demeure maître de la fortune, vous ne pouvez rien contre moi. «Il en faut si peu à notre âge,» me répètes-tu. Quelle erreur! Un vieillard n'existe que par ce qu'il possède. Dès qu'il n'a plus rien, on le jette au rebut. (*Le Nœud de Vipères*, Oeuvres complètes, t. 3, p. 375)

### 10

— Ah! si j'étais riche, si j'avais gardé ma fortune, si je ne la leur avais pas donnée, elles seraient là, elles me lécheraient les joues de leurs baisers! je demeurerais dans un hôtel, j'aurais de belles chambres, des domestiques, du feu à moi . . . L'argent donne tout, même des filles. (*Père Goriot*, Oeuvres complètes, Lévy, t. 4, p. 227)

One speaks ill of money which, in itself, is an excellent thing, an ingenious invention of man constantly working to free himself. What is shameful is that it has acquired such a moral value and that, from a simple means of exchange, it has become the supreme goal of the most praiseworthy as well as the least honorable efforts of humanity. —Reverdy

There is no profit except at the expense of others.
—Montaigne

The richest of men is the thrifty, the poorest is the miser.
—Chamfort

I fail to understand the reason for this multitude of crimes and of horrors which, since the dawn of the world, have had as their cause mere money . . . Only a profound coarseness and vulgarity of nature — that which beholds false values — has "great need for money," and that is why anyone who, having more than the comforts of life, still inclines towards more money, inspires me with disdain and disgust. But, if that is true of man in his vigorous years, how much more so of the old man! —Montherlant

I love money, I confess it, it reassures me. As long as I remain master of my fortune, you cannot do anything to me. "We need so little at our age," you repeat to me. What an error! An old man exists only through what he possesses. As soon as he does not have anything any more, he is cast aside. —Mauriac

[The following words are spoken by Père Goriot in Balzac's novel of the same name. He has given his fortune to his two daughters and he is dying in a garret]:

— Oh! if I were rich, if I had kept my fortune, if I had not given it to them, they would be here, they would lick my cheeks with their kisses! I would live in a mansion, I would have beautiful rooms, servants, a fire of my own . . . Money brings you everything, even daughters. —Balzac

## 11

Je dirai de l'argent ce qu'on disait de Caligula, qu'il n'y avait jamais eu un si bon esclave et un si méchant maître. (*Cahiers*, textes recueillis par B. Grasset, p. 44)

## 12

JEAN: — Les affaires? c'est bien simple, c'est l'argent des autres. (*La Question d'argent*, Acte II, se. 7)

## 13

L'économie est une des formes de la lâcheté. (S*ervice inutile*, p. 139)

## 14

Songer que la plupart des gens sont si bas qu'ils considèrent la vie commerciale comme la plus noble activité et la fin dernière de l'homme, et qu'ils ne la distinguent qu'à peine de la vie intellectuelle. (*Mon plus secret conseil dans Amants, Heureux Amants*, p. 191)

## 15

Le pouvoir et l'argent ont le prestige de l'infini; ce n'est pas telle chose, ni telle faculté d'agir que l'on désire précisément posséder. Nul ne convoite follement une puissance raisonnable; ni l'exercice du gouvernement comme métier clair et régulier; ni l'argent comme valeur d'objets bien déterminés.

Mais c'est le vague du pouvoir qui fait le grand désir . . . Enfin, c'est donc l'instinct de l'abus du pouvoir qui fait songer si passionnément au pouvoir. Le pouvoir sans l'abus perd le charme. (*Tel Quel, II*, p. 39-40)

## 16

On a de tout avec de l'argent hormis des mœurs et des citoyens. (*Discours sur les sciences et les arts*, deuxième partie)

## 17

L'amertume vient presque toujours de ne pas recevoir un peu plus que ce que l'on donne.

Le sentiment de ne pas faire une bonne affaire. (*Tel Quel*, I, p. 107)

### 11

I will say of money what was said of Caligula,[1] namely, that there has never been such a good slave and such a wicked master.
—Montesquieu

### 12

JOHN.[2] — Business? That's very simple; it's somebody else's money. —Dumas fils

### 13

Economy is one of the forms of cowardice. —Montherlant

### 14

Keep in mind that most people are so low that they consider commercial life as the noblest activity and the highest goal of man, and that they scarcely distinguish it from intellectual life. —Larbaud

### 15

Power and money have the prestige of the infinite; it is not exactly this thing or that faculty of action that one wishes to possess. No one madly covets a reasonable power; nor the exercise of the governmental power as a clear and regular calling; nor money as a value of clearly determined objects.
But it is the vagueness of power that gives great desire . . . In short, it is then the instinct to abuse power which makes one think of power so passionately. Power without abuse loses its charms.
—Valéry

### 16

One has everything with money except manners and good citizens. —Rousseau

### 17

Bitterness comes nearly always from not receiving a little more than what one gives.
The feeling of not doing good business. —Valéry

1. Roman emperor from 37-41 A.D.
2. Main character in the play. THE MONEY-QUESTION.

## 18

En admettant qu'il soit désirable de «s'élever dans la vie», et de devenir un personnage, crois-tu que l'argent puisse y aider? Il serait facile de montrer que le contraire est vrai, et que «le mérite accablé par la richesse, s'élève lentement», et que l'argent écrase et abaisse plus d'âmes que ne fait la pauvreté. (*A. O. Barnabooth*, son journal intime, NRF, p. 283)

## 19

L'argent est une bien grande chose qui laisse les hommes bien petits. (*Idées et sensations*, p. 182)

## 20

Si l'argent ne fait pas le bonheur, rendez-le! (*Journal,* 26 décembre 1905)

## 21

Je crois qu'il n'y a que deux sortes de costauds: ceux qui n'ont pas d'argent et qui savent s'en passer, ceux qui en ont et qui savent s'en servir. (*Lève-toi et marche*, cité par J. Anglade dans *Hervé Bazin,* p. 201)

## 18

Admitting that it is desirable "to rise in life," and to become someone important, do you believe that money can help? It would be easy to show that the contrary is true, and that "merit overwhelmed by wealth, rises slowly," and that money crushes and degrades more souls than poverty does. —Larbaud

## 19

Money is a very great thing which leaves men very small.
—Les Goncourt

## 20

If money does not give you happiness, give it back! —Renard

## 21

I believe that there are only two types of financial wizards: those who have no money and know how to get along without it, and those who have and know how to use it. —Bazin

*Chapitre 13*

# LA LIBERTE, LE GOUVERNEMENT, LA POLITIQUE

## 1

La liberté, ce bien qui fait jouir des autres biens. (*Cashiers*, textes recueillis par B. Grasset, p. 117)

## 2

L'amour de la liberté est le sentiment du petit nombre.
(*Thèmes et variations*, p. 13)

## 3

La liberté n'existe pas, elle n'est qu'un désir de l'âme. (*Au bord du temps*, p. 23)

## 4

Liberté, Egalité, Fraternité . . . ces trois mots magiques sont beaucoup plus sentis que compris. (*L'Avenir de l'homme,* p. 312)

## 5

La liberté a les limites que lui impose la justice. (*Journal*, 9 août 1905)

## 6

Nul ne possède d'autre droit que celui de toujours faire son devoir. (*Système de politique positive*, t. I, p. 361)

*Chapter 13*

## LIBERTY, GOVERNMENT, POLITICS

1

Liberty — this blessing which allows one to enjoy other blessings. —Montesquieu

2

Love of liberty is the sentiment of the few. —Gaxotte

3

Liberty does not exist; it is only a desire of the soul. —Henriot

4

Liberty,[1] Equality, Fraternity . . . these three magic words are much more felt than understood. —Teilhard de Chardin

5

Liberty has the limitations which justice imposes upon it. —Renard

6

No one possesses any right other than the one of always doing his duty. —Comte

1. Liberty, Equality, Fraternity — the motto of the French Republic.

Le droit d'être soi est aussi un devoir. (*Au bord du temps*, p. 207)

8

La liberté n'est pas un bien extérieur. Il faut que chacun la conquière en lui-même et pour lui-même. (*Propos*, Pléiade, p. 747)

9

Je peux me rendre libre en libérant les autres. (*Anthologie des écrits sur l'art,* III, p. 7)

10

La liberté est donnée à l'homme pour lui laisser le mérite de la vertu. (*Considérations sur l'esprit et les mœurs,* Londres, 1787, p. 200)

11

L'homme vraiment libre est celui qui sait refuser une invitation à dîner, sans donner de prétexte. (*Journal*, 25 novembre 1895)

12

Il est vrai que dans les démocraties le peuple paraît faire ce qu'il veut; mais la liberté politique ne consiste point à faire ce que l'on veut . . . La liberté est le droit de faire tout ce que les lois permettent; et si un citoyen pouvait faire ce qu'elles défendent, il n'aurait plus de liberté, parce que les autres auraient tout de même ce pouvoir. (*L'Esprit des lois,* Livre XI, ch. 3)

13

La liberté qui n'est point guidée par le sens critique est un don stérile et dangereux. (*Pour les étudiants étrangers en France*, Avant Propos)

14

La liberté a plus d'étendue que de profondeur; on en trouve vite le fond. Ce n'est pas la liberté qui est dangereuse; c'est l'ivresse qu'elle donne à ceux qui en vident précipitamment la coupe. (*Bon sens*, bonne foi, p. 64)

15

On reconnaît l'homme libre à ce qu'il est attaqué simultanément ou successivement par les partis opposés. (*Carnets*, Gallimard, p. 171)

16

O liberté! que de crimes on commet en ton nom! (*Paroles prononcées* par Mme Roland au moment de monter à l'échafaud)

### 7
The right of being yourself is also a duty. —Henriot

### 8
Liberty is not an external good. Each one must conquer it within himself and for himself. —Alain

### 9
I can make myself free by freeing others. —Eluard

### 10
Liberty is given to man to allow him the merit of his virtue.
—Sénac de Meilhan

### 11
The truly free man is the one who can refuse a dinner invitation without giving an excuse. —Renard

### 12
It is true that in a democracy people seem to do what they want; but political liberty does not consist in doing what one wants . . . Liberty is the right of doing everything which the laws permit; and if a citizen could do what they forbid, he would no longer have any liberty because others would also have this power. —Montesquieu

### 13
Liberty which is not guided by a critical sense is a sterile and dangerous gift. —Caudel

### 14
Liberty has more extension than depth; one finds its bottom quickly. It is not liberty which is dangerous; it is the intoxication which it gives to those who empty its cup hurriedly. —Girardin

### 15
One recognizes the free man by the fact that he is attacked simultaneously or successively by the opposite parties.
—Montherlant

### 16
Oh, liberty! What crimes are committed in thy name!
—Madame Roland

## 17

Il faut que l'homme libre prenne quelquefois la liberté d'être esclave. (*Journal,* 27 janvier 1892)

## 18

Si les hommes se résignent facilement à l'inégalité, ils se résignent encore plus facilement, sauf exception, à la servitude. (*Situation de la Terre*, p. 207)

## 19

L'État — ami de tous, ennemi de chacun. (*Tel Quel*, II p. 174)

## 20

Gouverner, c'est prévoir. (*Larousse du XXe siècle*, Article: Gouverner)

## 21

Toute nation a le gouvernement qu'elle mérite. (*Lettres et Opuscules inédits*, I, p. 215)

## 22

Presque tous les gouvernements périssent parce qu'on ne saisit pas le moment propre à changer leur constitution; il est toujours trop tôt ou trop tard. (*Mémoires du Prince de Talleyrand* par Paul Léon, t. 7, p. 37)

## 23

C'est la grandeur de la démocratie de n'être jamais achevée. Elle ressemble en cela à l'homme même. Un homme peut toujours devenir plus homme, et la démocratie est le principe politique le plus humain en cela justement qu'il laisse toujours le ciel ouvert pour un nouvel espoir. (*Voyages*, p. 22)

## 24

Les vieillards mènent le monde, et nous ne saurons jamais ce que serait le gouvernement de la jeunesse. (*Le Jeune Homme,* Oeuvres complètes, t. 4, p. 416)

## 25

Tout pouvoir est méchant dès qu'on le laisse faire; tout pouvoir est sage dès qu'il se sent jugé. (*Propos*, Pléiade, p. 906)

## 26

Le puissant commande. L'opinion gouverne. (*Carnets*, Gallimard, p. 95)

### 17

The free man must sometimes take the liberty of being a slave.
—Renard

### 18

If men resign themselves easily to inequality, they resign themselves still more easily, with certain exceptions, to servitude.
—Romains

### 19

The state — friend of all, enemy of each one. —Valéry

### 20

To govern is to foresee. —Girardin

### 21

Every nation has the government it deserves. —Maistre

### 22

Nearly all governments perish because people do not seize the proper moment to change their constitution; it is always too soon or too late. —Talleyrand

### 23

The greatness of democracy lies in the fact that it is never fulfilled. In this it resembles man himself. A man can always become a better man, and democracy is the most human political principle precisely in that it always leaves the door open for new hope.
—Guéhenno

### 24

Old men lead the world, and we shall never know what a government of youth would be like. —Mauriac

### 25

All power is wicked when one allows it to do as it pleases; all power is wise as soon as it knows that it is judged. —Alain

### 26

The powerful man commands. Public opinion governs.
—Montherlant.

### 27

Les masses aiment être tyrannisées. Mais elles veulent l'être en leur propre nom. (*Thèmes et variations*, p. 32)

### 28

La faiblesse de la force est de ne croire qu'à la force. (*Mauvaises pensées et autres,* p. 208)

### 29

Le tyran ne se corrige jamais parce qu'il n'entend que des flatteurs. (*Ce que je crois*, p. 32)

### 30

Les lois inutiles affaiblissent les nécessaires. (*Cahiers,* textes recueillis par B. Grasset, p. 99)

### 31

Lorsque l'esprit démocratique est assez fort pour que le souci de la dignité l'emporte sur le souci du bonheur, alors la démocratie ne court aucun risque. Mais quand le souci de bonheur l'emporte sur le souci de la dignité, alors la démocratie est perdue. Tous les tyrans le savent, toujours prêts à nous promettre le bonheur aux dépens de notre dignité. (Aventures de l'esprit, p. 31)

### 32

[La société politique contemporaine]: une machine à désespérer les hommes. (*Actuelles,* I, p. 225)

### 33

Toute politique se fonde sur l'indifférence de la plupart des intéressés; sans laquelle il n'y a point de politique possible. (*Regards sur le monde actuel,* p. 95)

### 34

La politique est l'art de se servir des gens. (*Carnets*, Gallimard, p. 110)

### 35

Tout ce qui est de la politique pratique est nécessairement superficiel. (*Regards sur le monde actuel,* p. 97)

### 36

C'est folie, en politique, de croire que les torts ne sont que d'un seul côté, et c'est sagesse de penser que le plaignant est lui-même coupable des mauvais procédés dont il se plaint. (La Fontaine, Machiavel français, p. 37)

## 27

The masses like to be tyrannized. But they want to be tyrannized in their own name. —Gaxotte

## 28

The weakness of force is to believe only in force. —Valéry

## 29

The tyrant never corrects himself because he hears only flatterers. —Maurois

## 30

Useless laws weaken the necessary ones. —Montesquieu

## 31

When the democratic spirit is strong enough so that concern about dignity triumphs over concern about happiness, then democracy runs no risks. But when concern about happiness triumphs over concern about dignity, then democracy is lost. All tyrants know this, ever ready as they are to promise us happiness at the expense of our dignity. —Guéhenno

## 32

[Contemporary political society]: a machine to drive men crazy. —Camus

## 33

All politics is founded on the indifference of most of those who ought to be interested; without this indifference no politics is possible. —Valéry

## 34

Politics is the art of using people. —Montherlant

## 35

All practical politics is necessarily superficial. —Valéry

## 36

It is folly, in politics, to believe that the wrong is on one side alone, and it is wisdom to think that the complainer is himself guilty of the bad procedures about which he is complaining. —Siegfried.

37

Certains hommes politiques paraissent parfois grands jusqu'au jour où ils font la sottise de dicter leurs mémoires. (Remarques sur les mémoires imaginaires, p. 33)

38

Les intérêts sont aveugles en politique. N'enlevez pas son os au chien, si intelligent et doux qu'il soit dans l'ordinaire de la vie. (Le Nouveau Bloc-Notes, p. 6)

39

Les hommes politiques ont le secret de vous faire croire qu'ils s'occupent de vous au milieu des crises les plus graves. (Carnets, Gallimard, p. 244)

40

Je vois l'homme perdu de perversions politiques, confondant action et expiation, nommant conquête son anéantissement. (Feuillets d'Hypnos, p. 36)

41

En politique, c'est une grande tentation que de substituer l'effet à la cause. (Le Nouveau Bloc-Notes, p. 130)

42

Un chef c'est celui qui a infiniment besoin des autres. (Carnets, p. 23)

43

En politique, rien n'est si vain que les regrets. (Bloc- Notes, p. 249)

44

On demandait à Gladstone combien de discours un homme peut préparer en une semaine. Il répondit: «Si c'est un homme de haute capacité, un seul. Si c'est un moyen, deux ou trois. Si c'est un imbécile, une douzaine.» (Carnets, Gallimard, p. 14)

### 37

Certain politicians sometimes seem great until the day when they commit the foolish act of dictating their memories. —Duhamel

### 38

Interests are blind in politics. Don't take the bone away from the dog, however intelligent and well-behaved he may be in everyday life. —Mauriac

### 39

Politicians have the secret of making you believe that they are concerned about you in the midst of the most serious crises. —Montherlant

### 40

I see man head over heels in political perversions, confusing action and expiation, calling his own annihilation a conquest. —Char

### 41

In politics, it is a great temptation to substitute the effect for the cause. —Mauriac

### 42

A leader is a man who has an infinite need of others. —Saint-Exupéry

### 43

In politics, nothing is so vain as regrets. —Mauriac

### 44

Gladstone' was asked how many speeches a man can prepare in a week. He replied: "If he is a man of great ability, only one. If he is an average man, two or three. If he is an imbecile, a dozen." —Montherlant

1. William E. (1809-1898) four times prime minister of England.

*Chapitre 14*

## L'INTELLIGENCE, LA PENSEE, L'EDUCATION

1

L'intelligence est cette faculté de l'esprit, grâce à laquelle nous comprenons finalement que tout est incompréhensible. (*Cité par le Duc de Broglie dans Réponse au discours de réception du Prince de Broglie à l'Académie Française*, p. 65)

2

Il faut avoir le courage de préférer l'homme intelligent à l'homme très gentil. (*Journal,* 8 décembre 1899)

3

Le caractère de l'intelligence est l'incertitude. Le tâtonnement est son outil. (*Carnets,* Gallimard, p. 195)

4

«A la fin de chaque vérité, il faut ajouter qu'on se souvient de la vérité opposée.» Celui qui, au cours de sa vie, se sera gouverné par cette pensée, n'aura peut-être pas été ceci ou cela: mais il aura été un homme intelligent. (*Service inutile*, p. 174)

*Chapter 14*

# INTELLIGENCE, THOUGHT, EDUCATION

1

Intelligence is that faculty of the mind thanks to which we finally understand that everything is incomprehensible. —Picard

2

One must have the courage to prefer the intelligent man to the very nice man. —Renard

3

The characteristic of intelligence is uncertainty. Groping is its tool. —Montherlant

4

"At the end of each truth it is necessary to add: remember the opposite truth." He who, in the course of his life, will have been guided by this thought will perhaps not have been this or that: but he will have been an intelligent man. —Montherlant

## 5

Le secret d'un homme d'esprit est moins secret que le secret d'un sot. (*Tel Quel*, I, p. 45)

## 6

Ce n'est pas assez d'avoir l'esprit bon, mais le principal est de l'appliquer bien. (*Discours de la méthode*, Première partie)

## 7

Souvent les intelligences qui se croient libres sont esclaves de la réalité immédiate. (*Histoire des Français*, p. 575)

## 8

Chaque pensée est une exception à une règle générale qui est de ne pas penser. (*Mauvaises pensées et autres*, p. 8)

## 9

Il est rare de penser à fond sans soupirer. (*Cité par E. Henriot dans Maîtres d'hier et contemporains*, I, p. 399)

## 10

Penseurs sont gens qui re-pensent, et qui pensent que ce qui fut pensé ne fut jamais assez pensé. (*Tel Quel,* II, p. 332)

## 11

La pensée est une maladie particulière à quelques individus et qui ne se propagerait pas sans amener prompte- ment la fin de l'espèce. (*Jérôme Coignard*, p. 162)

## 12

—Monsieur a l'air rêveur, dit le veilleur de nuit.

—C'est pas mon genre, dit Pierrot. Mais ça m'arrive souvent de penser à rien.

—C'est déjà mieux que de ne pas penser du tout, dit le veilleur de nuit. (*Pierrot,* mon ami, p. 200)

## 13

Nos plus importantes pensées sont celles qui contredisent nos sentiments. (*Tel Quel*, II, p. 87)

## 14

Les grandes idées sont rares.

Une seule grande idée peut suffire à la grandeur d'un règne. (*Pouvoir et impuissance,* p. 147)

### 5

The secret of an intelligent man is less secret than the secret of a fool. —Valéry

### 6

It is not enough to have a good mind; the main thing is to use it well. —Descartes

### 7

Often the intelligent individuals who believe they are free are slaves of immediate reality. —Gaxotte

### 8

Every thought is an exception to a general rule which is not to think. —Valéry

### 9

It is rare to think deeply without sighing. —Valéry

### 10

Thinkers are people who re-think, and who think that what has been thought before has never been sufficiently thought. —Valéry

### 11

Thought is an illness peculiar to a few individuals and which could not be spread without quickly bringing about the end of the species. —Anatole France

### 12

"Sir, you seem to be day-dreaming," said the night watchman.
"I usually don't," said Pierrot. "But it often happens that I think of nothing."
"Well now, that's better than not to think at all," said the night watchman. —Queneau

### 13

Our most important thoughts are those which contradict our sentiments. —Valéry

### 14

Great ideas are rare.
A single great idea may suffice for the greatness of a reign.
—Girardin

**15**

Parler en public. Il n'est pas nécessaire de penser ce qu'on dit, mais il faut penser à ce qu'on dit: c'est plus difficile. (*Journal*, 22 novembre 1906)

**16**

Celui qui n'a eu qu'une seule pensée nouvelle, en une année, a gagné son année. (*Carnets,* Gallimard, p. 30)

**17**

Tout grand homme n'agit et n'écrit que pour développer deux ou trois idées. (*Carnets,* Gallimard, p. 74)

**18**

Penser chaque jour quelque chose de neuf! Soyons sérieux. Et écoutons Goethe lorsque, en pleine possession de ses facultés, il disait: «Tout a été pensé. Il ne s'agit que de le penser à nouveau.» C'est cela qui est vrai et profond. (*Textes sous une occupation*, p. 131)

**19**

Aucun homme ne pense jamais que sur les pensées d'un autre. (*Propos*, Pléiade, p. 887)

**20**

Penser est une aventure. Nul ne peut dire où il débarquera; ou bien ce n'est plus penser. (*Propos*, Pléiade, p. 545)

**21**

[Chacun appelle] idées claires celles qui sont au même degré de confusion que les siennes propres. (*A l'ombre des jeunes filles en fleurs*, 1, NRF, p. 172)

**22**

Toute notre dignité consiste donc en la pensée. C'est de là qu'il faut nous relever et non de l'espace et de la durée, que nous ne saurions remplir. Travaillons donc à bien penser. Voilà le principe de la morale. (*Pensées*, Brun- schvicg, VI, 347)

**23**

Rien n'est petit dans la grande affaire de l'éducation. (*L'Art de la lecture,* p. 1)

**24**

Les petits faits inexpliqués contiennent toujours de quoi renverser toutes les explications des grands faits. (*Tel Quel*, I, p. 53)

## 15

Speaking in public. It is not necessary to think through what you say, but it is necessary to think about what you say: that's more difficult. —Renard

## 16

He who has had only one single new idea, in a year, has won his year. —Montherlant

## 17

Every great man acts and writes only in order to develop two or three ideas. —Montherlant

## 18

To think each day something new! Let's be serious. And let's listen to Goethe[1] when, in full possession of his faculties, he said: "Everything has been thought. It is merely a question of thinking it anew." That is true and profound. —Montherlant

## 19

No man ever thinks except on the thoughts of another man. —Alain

## 20

To think is an adventure. No one can say where he will land; or else that's not thinking any more. —Alain

## 21

[Each one calls] clear ideas those which are in the same degree of confusion as his own. —Proust

## 22

All our dignity consists therefore in thought. It is from that that we must attain our dignity and not from time and space, which we cannot grasp. Let us endeavor then to think well: that is the basis of ethics. —Pascal

## 23

Nothing is small in the great business of education. —Legouvé

## 24

The little unexplained facts always contain the wherewithal to reverse all the explanations of great facts. —Valéry

1. The greatest of all German writers (1749-1832).

### 25

Le détail d'une chose peut être le signe d'un monde nouveau, d'un monde qui comme tous les mondes, contient les attributs de la grandeur. (*La Poétique de l'espace*, p. 146)

### 26

En élevant un enfant, songez à sa vieillesse. (*Pensées et lettres,* présentées par R. Dumay, p. 156)

### 27

Il est bien plus beau de savoir quelque chose de tout que de savoir tout d'une chose. (*Pensées*, Brunschvicg, I, 37)

### 28

Conflit entre lettres et sciences: Les lettres peuvent enseigner la vérité, et les sciences la poésie. (*Carnet d'un biologiste*, p. 73)

### 29

Les peuples neufs croient trop volontiers que tout s'enseigne, que la vérité se communique en recettes, presque en comprimées. Les peuples plus évolués perdent éventuellement confiance dans la pure technique et tendent à mettre davantage l'accent sur la culture, mais la marée de notre âge travaille contre eux. L'erreur du XXe siècle, c'est l'hypertrophie de la spécialité, le culte de l'expert. (*La Fontaine*, Machiavel français, p. 72-73)

### 30

Enseigner, c'est apprendre deux fois. (*Pensées et lettres*, présentées par R. Dumay, p. 159)

### 31

L'inégalité d'instruction est une des sources principales de la tyrannie. (Cité par Guéhenno dans *Conversion à l'humain*, p. 138)

### 32

«Vous ne me cacherez rien, mais vous ne direz aussi rien de blessant.» L'éducateur nous tient entre ces deux hontes, la honte de cacher et la honte de dire. (*Propos*, Pléiade, p. 422)

The detail of a thing may well be the sign of a new world, of a world which like all worlds, contains the attributes of greatness. —Bachelard

## 26
In raising a child, think of his old age. —Joubert

## 27
It is much more beautiful to know something about everything than to know everything about something. —Pascal

## 28
Conflict between letters and sciences: letters can teach truth, and sciences poetry. —J. Rostand

## 29
New peoples believe too readily that everything can be taught, that the truth can be communicated in recipes, almost in tablets. More advanced peoples eventually lose confidence in pure technics and tend to stress culture more, but the tide of our age is working against them. The error of the 20th century is the hypertrophy of specialization, the cult of the expert. —Siegfried

## 30
To teach is to learn twice. —Joubert

## 31
Inequality of education is one of the principal sources of tyranny. —Condorcet

## 32
"You will hide nothing from me, but you will also say nothing offensive." The educator holds us between these two shames, the shame of hiding and the shame of saying. —Alain

## 33

Mon ami, Jacques Desjardins, inspecteur général de l'Instruction publique, quand il tentait de réchauffer la foi de jeunes professeurs, avait coutume de leur dire: «Vous n'enseignez pas ce que vous savez, vous enseignez ce que vous êtes.» Ce mot profond exprime la réalité même, mais il est un peu désespérant, s'il revient à dire que le professeur devrait toujours être un homme entre les hommes. Par comble, il n'a aucune chance de dissimuler longtemps ce qu'il est. Ses gestes, ses manies, sa voix, tout le livre, et les petits grimauds qui l'écoutent le connaissent bientôt mieux qu'il ne peut se connaître lui-même. (*Sur le chemin des hommes*, p. 25-26)

## 34

L'homme a la nostalgie de la lumière totale. (*Anthologie des écrits sur l'art*, I, p. 9)

## 35

Un candidat à la présidence des Etats-Unis, Mr. Adlaï Stevenson, inaugurant sa campagne électorale, disait: «Le rêve d'une Amérique nouvelle commence dans une salle de classe.» Le rêve d'une humanité nouvelle ne peut partout commencer que dans une salle de classe. (*Sur le chemin des hommes*, p. 24)

Whenever my friend Jacques Desjardins, general inspector of Public Instruction, attempted to bolster self-confidence among young teachers, he was accustomed to saying to them: "You do not teach what you know, you teach what you are." This profound thought expresses reality itself, but it is a little too disheartening if it amounts to saying that the teacher is always supposed to be a man among men. To cap the climax, he does not stand a chance of hiding for a long time what he is. His gestures, his manias, his voice, everything reveals him, and the little brats who listen to him soon know him better than he is able to know himself.
—Guéhenno

## 34

Man longs for total light. —Eluard

## 35

A candidate for the presidency of the United States, Mr. Adlai Stevenson, inaugurating his electoral campaign, said: "The dream of a new America begins in a classroom." The dream of a new humanity anywhere can only begin in a classroom. —Guéhenno

*Chapitre 15*

## LE GENIE, LES GRANDS HOMMES

`

### 1

Le talent—suivant le mot de Buffon—n'est qu'une longue patience. (Pierre et Jean, Préface)

### 2

Le talent sans génie est peu de chose. Le génie sans talent n'est rien. (Mélange, p. 163)

### 3

Le génie ne s'acquiert pas, mais le talent s'acquiert. (L'Art de la lecture, p. 75)

### 4

Ce qui distingue les grands génies, c'est la généralisation et la création. (Correspondance, 25 septembre 1852)

### 5

Je n'imagine pas le génie, sans le courage. (Carnets, Gallimard, p. 136)

### 6

La vérité n'est révélée qu'au génie et le génie est toujours seul. (Oeuvres littéraires, I, p. 119)

### 7

Le génie est toujours méconnu, quels que soient les «honneurs» qui lui sont attribués. (Journal, 3 décembre 1934)

128

## Chapter 15

# GENIUS, GREAT MEN

1
Talent, according to Buffon, is merely a long patience.[1]
—Maupassant

2
Talent without genius is not much. Genius without talent is nothing. —Valéry

3
Genius cannot be acquired, but talent can. —Legouvé

4
What distinguishes great geniuses is generalization and creation. —Flaubert

5
I cannot imagine genius without courage. —Montherlant

6
Truth is revealed only to the genius, and the genius is always alone. —Delacroix

7
Genius is always unknown whatever may be the "honors" bestowed upon it. — Larbaud

1. The definition attributed to Buffon (18th century naturalist) reads: Genius is merely a greater aptitude to patience (Le genie n'est qu'une plus grande aptitude i la patience. —H. de Sfchelles, VOYAGE A MONT- BARD, Solvet, p. 16)

**8**

Les hommes de génie ou d'un grand talent montrent rarement de l'esprit dans la conversation. Dès qu'ils sont hors de leur sphère, ils ne paraissent pas supérieurs aux autres, et l'on est embarrassé pour concilier la contradiction qui se trouve entre leurs ouvrages et leur conversation. (*Considérations sur l'esprit et les mœurs*, p. 18)

**9**

Shakespeare! Tu dis toujours Shakespeare! Il y en a un en toi: trouve-le. (*Journal*, 19 mars 1895)

**10**

La célébrité est le châtiment du mérite et la punition du talent. (*Collection des plus belles pages de Chamfort*, p. 65)

**11**

Il a du talent ou n'en a pas selon qu'on est bien ou mal avec lui. Tout n'est que sympathie ou antipathie. (*Journal*, 11 décembre 1905)

**12**

Les grands hommes voient ce que le vulgaire ne voit point: c'est pour cela qu'ils sont des grands hommes. (*Journal*, 19 octobre 1856)

**13**

La notion du grand homme est devenue suspecte et ridicule. Ce qu'on demande à l'homme supérieur c'est d'être simple, modeste, effacé, sans allure — d'être comme tout le monde en somme. Et l'on sait bien que tout le monde n'est pas grand. (*En vrac*, p. 149)

**14**

Devenir idole est le but de tous les hommes distingués. (*Cahier B 1910*, p. 117)

**15**

Pour faire quelque chose qui vaille, il faut se prendre momentanément pour Goethe, et croire qu'on va écrire Faust. (*Oeuvres complètes*, I, p. 45)

**16**

Les grands hommes ne peuvent se souffrir les uns les autres, et ils n'ont guère d'esprit. Il est bon de les mêler aux petits. Cela les amuse. Les petits y gagnent par le voisinage, les grands par la comparaison; il y a bénéfice pour les uns comme pour les autres. (*Jérôme Coignard*, p. 193-94)

Men of genius or of great talent rarely show any wit in conversation. As soon as they are out of their sphere, they do not seem superior to others and one is at a loss to reconcile the discrepancy between their works and their conversation. —Sénac de Meilhan

9

Shakespeare! You always say Shakespeare! There is one in you: find him. —Renard

10

Celebrity is the chastisement of merit and the punishment of talent. —Chamfort

11

He has or he does not have talent according to whether you are on good or bad terms with him. Everything is only sympathy or antipathy. —Renard

12

Great men see what the common man does not see at all: that's why they are great men. —Delacroix

13

The notion of the great man has become suspicious and ridiculous. What is demanded of the superior man is to be simple, modest, self-effacing, without distinctive manners — in short to be a man like everybody. And it is well known that everybody is not great. —Reverdy

14

To become an idol is the goal of all distinguished men. —Valéry

15

To do something worth while, one must think of himself momentarily as a Goethe[2] and believe that he is going to write *Faust*. —Martin du Gard

16

Great men cannot stand each other, and they have hardly any humor. It is good to have them mingle with common people. That amuses them. The common people gain by the association, the great by the comparison; both will profit by it. —Anatole France

2. The greatest of all German writers (1749-1832). FAUST is his masterpiece.

### 17

Les hommes de talent sont en général pleins d'eux-mêmes. (*Le Livre de mon bord*, p. 135)

### 18

Il n'y a pas de trop petites choses pour un grand esprit. (*Le Livre de mon bord,* p. 135)

### 19

Il y a dans le talent une insolence qui s'expie par les haines sourdes et les calomnies profondes. (*Jérôme Coignard*, p. 8)

### 20

Le talent, c'est comme l'argent: il n'est pas nécessaire d'en avoir pour en parler. (*Journal,* 11 juin 1892)

### 21

C'est la réunion de ces facultés, l'imagination et la raison, qui fait les hommes exceptionnels. (*Journal,* 10 février 1850)

### 22

Les grands hommes meurent deux fois, une fois comme hommes, et une fois comme grands. (*Tel Quel*, I, p. 219)

### 23

Le doute se trouve à l'origine de toute grandeur. (*Feuillets d'Hypnos,* p. 84)

### 24

Un grand homme n'a qu'un souci: devenir le plus humain possible. (*Prétextes*, p. 21)

### 25

Qui n'est pas inquiétant, n'est pas grand-chose. (*Tel Quel*, II, p. 87)

### 26

Les grands hommes se caractérisent souvent davantage par les choses qu'ils ne disent pas que par celles qu'ils disent. (*Réflexions critiques*, Corneille et Racine)

### 27

Les grands hommes se chamaillent; la pensée marche quand même. Le mouvement du savoir s'édifie malgré les querelles. Toutes les feuilles sont gâtées, tous les arbres sont malades mais la forêt est magnifique. (*Chroniques des Pasquier,* Les Maîtres, p. 257)

### 17

Men of talent are generally full of themselves. —Reyerdy

### 18

Nothing is too little for a great mind. —Reverdy

### 19

There is an insolence in talent which is expiated by secret hatreds and profound calumnies. —Anatole France

### 20

Talent is like money: it is not necessary to have any in order to speak of it. —Renard

### 21

It is the meeting of these faculties — imagination and reason — which makes men exceptional. —Delacroix

### 22

Great men die twice, once as men, and once as great men. —Valéry

### 23

Doubt is found at the beginning of all greatness. —Char

### 24

A great man has only one care: to become as human as possible. —Gide

### 25

He who is not disquieting is not much of anything. —Valéry

### 26

Great men are often characterized more by the things they do not say than by those they do say. —Vauvenargues

### 27

Great men squabble; thought marches on just the same. The progress of knowledge grows in spite of the quarrels. All the leaves are decayed, all the trees are sick, but the forest is magnificent. —Duhamel

◆⧸ ⧹◆

*Chapitre 16*

## LA PARESSE, LE TRAVAIL, LE BONHEUR

1

C'est se tromper que de croire qu'il n'y ait que les violentes passions, comme l'ambition et l'amour, qui puissent triompher des autres. La paresse, toute languissante qu'elle est, ne laisse pas d'en être souvent la maîtresse; elle usurpe sur tous les desseins et sur toutes les actions de la vie, elle y détruit et y consume insensiblement les passions et les vertus. (*Maximes*, Vᵉ éd., 266)

2

La paresse c'est presque aussi fort que la vie. (*Voyage au bout de la nuit*, Froissard, p. 196)

3

Je connais bien ma paresse. Je pourrais écrire un traité sur elle, si ce n'était un si long travail. (*Journal*, 21 juillet 1902)

4

La paresse est sans doute le plus grand ennemi du développement de nos facultés. (*Journal*, 9 juin 1847)

*Chapter 16*

## LAZINESS, WORK, HAPPINESS

1

It is a mistake to think that only the violent passions, such as ambition and love, may dominate all the others. Laziness, sluggish though it is, often does not fail to be the mistress of them all; it encroaches upon all the intentions and all the actions of life, it gradually consumes and destroys all passions and virtues.
—La Rochefoucauld

2

Laziness is almost as strong as life. —Céline

3

I know my laziness very well. I could write a treatise on it, if it would not be such a long work. —Renard

4

Laziness is undoubtedly the greatest enemy of the development of our mental faculties. —Delacroix

## 5

De la Paresse! Ah! il faudra bien que je l'écrive, ce livre-là! Le sot qui sent sa sottise n'est déjà plus si sot, mais le paresseux peut connaître sa paresse, en gémir, et le rester. (*Journal*, 28 juin 1905)

## 6

Tout homme a droit aux tourments qu'apporte le loisir. (*Carnet d'un biologiste*, p. 129)

## 7

Le travail éloigne de nous trois grands maux: l'ennui, le vice et le besoin. (*Candide*, ch. 30)

## 8

Je ne connais qu'une vérité: le travail seul fait le bonheur. Je ne suis sûr que de celle-là, et je l'oublie tout le temps. (*Journal*, 15 avril 1908)

## 9

Le travail est la meilleure et la pire des choses: la meilleure, s'il est libre; la pire, s'il est serf. J'appelle libre au premier degré le travail réglé par le travailleur lui-même, d'après son savoir propre et selon l'expérience, comme d'un menuisier qui fait une porte. (*Propos*, Pléiade, p. 425)

## 10

L'homme qui se lasse de son travail, ou qui seulement ne l'aime point, cet homme prend dans ma bourse, sans allonger le bras. (*Propos*, Pléiade, p. 996)

## 11

—Tu travailles?
—J'essaie de travailler: c'est bien plus difficile. (*Journal*, 29 janvier 1898)

## 12

Le travail du corps délivre des peines de l'esprit, et c'est ce qui rend les pauvres heureux. (*Maxives*, V^e éd., 535)

## 13

Le bonheur se trouve plus facilement dans l'action, dans une tâche absorbante, pleine de surprises et qui ne laisse aucun repos. J'envie les savants, enfermés dans un laboratoire, sur la piste d'une invention. Ils ont résolu tous les problèmes. (*L'Amour, c'est plus que l'amour,* p. 20)

136

## 5

On Laziness! Ah! I must really write that book! The fool who feels his foolishness is no longer so very foolish, but the lazy man may be aware of his laziness, bemoan it, and yet remain lazy.
—Renard

## 6

Every man is entitled to the torments which leisure brings.
—J. Rostand

## 7

Work drives away three great evils from us: boredom, vice, and need. —Voltaire

## 8

I know only one truth: work alone makes you happy. This is the only truth I am sure of, and I forget it all the time. —Renard

## 9

Work is the best and the worst of things: the best if it is free; the worst, if it is menial. I call free, in the first degree, work regulated by the worker himself, according to his knowledge and experience, like a carpenter who is making a door. —Alain

## 10

The man who tires of his work, or who merely does not like it — that man picks my pocket without stretching out his arm. —Alain

## 11

—You are working?
—I am trying to work: that's much more difficult. —Renard

## 12

The work of the body delivers one from the pains of the mind, and that's what makes poor people happy. —La Rochefoucauld

## 13

Happiness is more easily found in action, in an absorbing task, full of surprises, which does not give you any rest. I envy the scientists locked in a laboratory — on the track of an invention. They have solved all the problems. —Chardonne

## 14

Nous nous tourmentons moins pour devenir heureux que pour faire croire que nous le sommes. (*Maximes posthumes*, 6)

## 15

«Ce qu'il y a de merveilleux dans le bonheur des autres c'est qu'on y croit.» J'ai toujours trouvé ce mot de Capus admirable. (*En vrac*, p. 126)

## 16

Le bonheur, la plus rapide des impressions. (*Journal,* 29 novembre 1897)

## 17

Il faut être discret quand on parle de son bonheur, et l'avouer comme si l'on se confessait d'un vol. (*Journal*, 10 décembre 1906)

## 18

Dès qu'un homme cherche le bonheur, il est condamné à ne pas le trouver, et il n'y a point de mystère là-dedans. Le bonheur n'est pas comme cet objet en vitrine, que vous pouvez choisir, payer, emporter; si vous l'avez bien regardé, il sera bleu ou rouge chez vous comme dans la vitrine. Tandis que le bonheur n'est bonheur que quand vous le tenez; si vous le cherchez dans le monde, hors de vous-même, jamais rien n'aura l'aspect du bonheur. En somme on ne peut ni raisonner ni prévoir au sujet du bonheur; il faut l'avoir maintenant. Quand il paraît être dans l'avenir, songez-y bien, c'est que vous l'avez déjà. Espérer, c'est être heureux. (*Propos*, Pléiade, p. 101)

## 19

—Vous n'êtes pas malheureux!

—Si je voulais, je me plaindrais autant que vous. (*Journal*, 15 avril 1902)

## 20

Quand un homme dit: «Je suis heureux», il veut dire bonnement: «J'ai des ennuis qui ne m'atteignent pas.» (*Journal*, 20 janvier 1902)

## 21

Si tu veux comprendre le mot de bonheur, il faut l'entendre comme récompense et non comme but. (*Citadelle*, p. 215)

We are less concerned about becoming happy than making believe that we are. —La Rochefoucauld

"What is wonderful in the happiness of others is that one believes it." I have always found this witty remark of Capus[1] admirable. —Reverdy

Happiness — the most rapid of impressions. —Renard

One must be discreet when one speaks of his happiness, and confess it as if one were confessing a theft. —Renard

As soon as a man looks for happiness, he is doomed not to find it, and there is no mystery in that. Happiness is not like that object in the shop window which you can choose, pay for, and carry away. If you have looked at it well, it may be blue or red in your home as in the showcase. Happiness, on the other hand, is happiness only when you have it. If you seek it in the world, outside of yourself, nothing will ever have the aspect of happiness. In short one cannot reason about or foresee happiness; you must have it now. When it seems to be in the future, think it over; it is because you already have it. To hope is to be happy. —Alain

—You are not unhappy!
—If I wanted to, I could complain as much as you. —Renard

When a man says, "I am happy," he simply means: "I have worries which do not affect me." —Renard

If you wish to understand the word happiness, you must understand it as a reward and not as a goal. —Saint-Exupéry

1. French writer (1858-1922)

22

Jamais nous ne sommes plus heureux que quand nos plaisanteries font rire la bonne. (*Journal*, 30 décembre 1896)

23

Il [le bonheur] est, plutôt que toute autre chose, un objet de foi — y croire et en parler c'est déjà le posséder un peu. (*Le Livre de mon bord,* p. 50)

24

Par le mythe vulgaire du bonheur, on peut faire des hommes à peu près ce que l'on veut, et tout ce que l'on veut des femmes. (*Tel Quel*, I, p. 128)

25

Il n'y a rien au monde qui nous rende plus heureux que la contemplation et le rêve. (*L'Art*, p. 299)

26

Au banquet du bonheur bien peu sont conviés. (*Feuilles d'automne*, XXXII)

27

Quand un homme n'a plus rien à construire ou à détruire il est très malheureux. (*Propos*, Pléiade, p. 44)

## 22

We are never happier than when our jokes make the maid laugh.
—Renard

## 23

It [happiness] is, more than anything else, an object of faith — to believe in it and to speak of it is already to possess it a little.
—Reverdy

## 24

Through the vulgar myth of happiness, one can make of men almost all one wishes, and of women, everything one wishes.
—Valéry

## 25

There is nothing in the world which makes us happier than contemplation and daydreaming. —Rodin

## 26

At the banquet of happiness, the guests are very few. —Hugo

## 27

When a man has nothing more to build or to destroy, he is very unhappy. —Alain

*Chapitre 17*

# LES ARTS

### 1

Quel est l'objet de l'art? Si la réalité venait frapper directement nos sens et notre conscience, si nous pouvions entrer en communication immédiate avec les choses et avec nous-mêmes, je crois bien que l'art serait inutile, ou plutôt que nous serions tous artistes, car notre âme vibrerait alors continuellement à l'unisson de la nature. (*Le Rire, Alcan*, p. 153-54)

### 2

L'art, c'est la plus sublime mission de l'homme, puisque c'est l'exercice de la pensée qui cherche à comprendre le monde et à le faire comprendre. (*L'Art*, p. 5-6)

### 3

Par l'art seulement nous pouvons sortir de nous, savoir ce que voit un autre de cet univers qui n'est pas le même que le nôtre et dont les paysages nous seraient restés aussi inconnus que ceux qu'il peut y avoir dans la lune. Grâce à l'art au lieu de voir un seul monde, le nôtre, nous le voyons se multiplier et autant qu'il y a des artistes originaux, autant nous avons de mondes à notre disposition, plus différents les uns des autres que ceux qui roulent dans l'infini. (*Le Temps retrouvé,* 2, NRF, p. 374)

142

◆❦ ❧◆

*Chapter 17*

## THE ARTS

1

What is the object of art? If reality came to strike our senses and our conscience directly, if we could enter into immediate communion with things and with ourselves, I really believe that art would be useless, or rather that we would all be artists, for our soul would then continuously vibrate in harmony with nature. —Bergson

2

Art is the most sublime mission of man, since it is the exercise of the mind which tries to understand the world and to make it understood. —Rodin

3

By art alone can we come out of ourselves and know someone else's view of the universe, which is not the same as ours and whose landscapes would have remained as unknown to us as those which may be on the moon. Thanks to art, instead of seeing only one world, (our own), we see it multiply itself, and we have at our disposal as many worlds as there are original artists — more different from each other than those which orbit in space. —Proust

4

L'art est un anti-destin. (*Les Voix du silence*, p. 637)

5

L'art et la révolte ne mourront qu'avec le dernier homme. (*L'homme révolté*, cité par J.-C. Brisville dans Camus, p. 236)

6

L'artiste, la femme savent que le principe de l'art de plaire est d'ébranler l'imagination, sans jamais la combler, en lui laissant la marge infinie du possible. (*Journal*, p. 8)

7

L'art est un effort pour créer, à côté du monde réel, un monde plus humain. (*Ce que je crois*, p. 39)

8

Une œuvre d'art est un coin de la création vu à travers un tempérament. (*Mes haines*, p. 229)

9

A la vérité c'est sans doute chez les poètes et les humoristes qu'on rencontre la pénétration la plus profonde des secrets de la Nature et de la vie. (*La Fontaine*, Machiavel français, p. 21)

10

Ce sont nos passions qui esquissent nos livres, le repos d'intervalle qui les écrit. (*Le Temps retrouvé*, 2, NRF, p. 65)

11

L'art, supérieur à l'amour, est aussi supérieur à la sainteté, parce que l'artiste, s'il cherche la perfection, comme le saint, ne la cherche pas pour soi-même. (*Carnets*, Gallimard, p. 136)

12

Le germe de l'art — ne pas pouvoir laisser les choses tranquilles. (*En vrac*, p. 211)

13

Beauté de la littérature: Je perds une vache. J'écris sa mort, et ça ma rapporte de quoi acheter une autre vache. (*Journal*, 26 septembre 1903)

14

Etre naturel dans les arts, c'est être sincère. (*Pensées et lettres*, présentées par R. Dumay, p. 175)

**4**

Art is a revolt against man's fate. —Malraux

**5**

Art and revolt will die only with the last man. —Camus

**6**

The artist and the woman know that the principle of the art of pleasing is to stir the imagination without ever completely satisfying it, leaving to it an infinite margin of possibilities. —Guitton

**7**

Art is an effort to create, beside the real world, a more human world. —Maurois

**8**

A work of art is a corner of creation seen through a temperament. —Zola

**9**

In truth, it is in the poets and the humorists that one undoubtedly finds the most profound penetration of the secrets of Nature and life. —Siegfried

**10**

It is our passions which sketch our books; the interval of calm which writes them. —Proust

**11**

Art, superior to love, is also superior to sainthood because the artist, if he seeks perfection, like the saint, does not seek it for himself. —Montherlant

**12**

The germ of art — not to be able to leave things alone. —Reverdy

**13**

The beauty of literature: I lose a cow. I write about her death, and that brings in enough to buy another cow. —Renard

**14**

To be natural in the arts is to be sincere. —Joubert

## 15

La gloire ou le mérite de certains hommes est de bien écrire; et de quelques autres, c'est de n'écrire point. (*Les Caractères*, Des Ouvrages de l'esprit, 59)

## 16

Notre fiction . . . drame, roman — implique une analyse de l'homme. Mais il est clair que cette analyse, seule, ne serait pas un art. Pour qu'elle le devienne, il faut qu'elle entre en lutte avec la conscience que nous avons de notre destin. (*Les Noyers de l'Altenburg*, p. 127)

## 17

Un roman est un miroir qui se promène sur une grande route. (*Le Rouge et le noir*, ch. 49)

## 18

Les contes sont des faits humains comme les temples et les tragédies. Les comprenne qui pourra; mais il n'est pas en notre pouvoir de décider qu'ils n'enferment point une profonde vérité. (*Les Passions et la sagesse*, Pléiade, p. 71)

## 19

Toute création n'est parfaite que dans l'hypothèse. (*Le Livre de mon bord*, p. 83)

## 20

Dans l'art la vérité n'est rien, c'est la probabilité qui est tout. (*Journal d'un poète*, printemps 1828)

## 21

L'art véritable n'a que faire de tant de proclamations et s'accomplit dans le silence. (*Le Temps retrouvé*, 2, NRF, p. 29)

## 22

Le mobile le plus fréquent et le plus fort de l'Art, c'est l'ambition. (*En vrac*, p. 29)

## 23

L'homme est soumis à la nature; dans l'œuvre d'art, au contraire, il soumet la nature à lui. (*Prétextes*, p. 45)

## 24

Le but suprême de l'art, et depuis toujours oublié, aider l'homme à mieux supporter le réel. (*En vrac*, p. 74)

## 15

The glory or the merit of certain men is to write well; and the merit of others is not to write at all. —La Bruyère

## 16

Our fiction . . . drama, novel — implies an analysis of man. But it is clear that this analysis, alone, would not be art. In order that it may become art, it must come to grips with the consciousness we have of our destiny. —Malraux

## 17

A novel is a mirror which walks along a highway. —Stendhal

## 18

Stories are human facts like temples and tragedies. Let him who can, understand them; but it is not within our power to decide that they don't contain a profound truth. —Alain

## 19

All creation is perfect only in its hypothesis. —Reverdy

## 20

In art, truth is nothing; it is probability which is everything. —Vigny

## 21

True art has no use for so many proclamations and is accomplished in silence. —Proust

## 22

The most frequent and the strongest motivation of art is ambition. —Reverdy

## 23

Man is subject to nature; in the work of art, on the contrary, he subjects nature to himself. —Gide

## 24

The supreme goal of art, and ever forgotten, is to help man endure reality better. —Reverdy

Les plus beaux ouvrages des arts sont ceux qui expriment la pure fantaisie de l'artiste. (*Journal*, 8 août 1856)

## 26

L'art naît de contrainte, vit de lutte, meurt de liberté.
(*Nouveaux prétextes*, p. 17)

## 27

La musique embellit les lieux où on l'entend. (*Le Bel Aujourd'hui*, p. 175)

## 28

Ecrire, c'est presque toujours mentir. (*Journal,* 12 août 1902)

## 29

Les sons ont une couleur, les couleurs ont une musique. (Cité par J. Pommier dans *La Mystique de Baudelaire*, p. 6)

## 30

Qui t'a dit qu'une forme est plus belle qu'une autre? (Cité par Delacroix dans *Oeuvres littéraires*, I, p. 37)

## 31

Rien de beau ne se peut résumer. (*Tel Quel*, II, p. 81)

## 32

L'orateur est celui qui sait se mettre à volonté dans un état de transport, et le poète aussi. De l'émotion sort non pas l'obscurité, mais une lucidité supérieure. En un mot, la poésie ne peut exister sans l'émotion. (*Positions et propositions*, I, p. 97)

## 33

L'artiste ne doit pas plus apparaître dans son œuvre que Dieu dans la nature. L'homme n'est rien, l'œuvre tout! (*Correspondence*, 11 décembre 1875)

## 34

Les tyrans savent qu'il y a dans l'œuvre d'art une force d'émancipation qui n'est mystérieuse que pour ceux qui n'en ont pas le culte. Chaque grande œuvre rend plus admirable et plus riche la face humaine, voilà tout son secret. (*Discours de Suède*, p. 63-64)

## 35

Je donnerais de la poésie la définition que Bonaparte donnait du bonheur: «C'est le plus grand développement de toutes nos facultés.» Je dirais aussi qu'il n'y a pas de création, même scientifique, sans germination poétique. (*Le Figaro littéraire*, 5 novembre 1960)

### 25

The most beautiful works of the arts are those which express the pure fancy of the artist. —Delacroix

### 26

Art is born of restraint, lives on struggle, and dies from liberty. —Gide

### 27

Music embellishes the places where it is heard. —Julien Green

### 28

To write is nearly always to lie. —Renard

### 29

Sounds have color; colors have music. —Baudelaire

### 30

Who told you that one form is more beautiful than another? —La Fontaine

### 31

Nothing beautiful can be summarized. —Valéry

### 32

The orator is the one who knows how to put himself at will in a state of rapture, and the poet also. From emotion there comes not obscurity but superior lucidity. In a word, poetry cannot exist without emotion. —Claudel

### 33

The artist must no more appear in his own work than God in nature. Man is nothing; the work of art everything. —Flaubert

### 34

Tyrants know that there is in the work of art a force of emancipation which is mysterious only for those who do not have the cult of it. Each great work makes the human face more admirable and richer, that's all its secret is. —Camus

### 35

I would give for poetry the definition which Bonaparte gave for happiness: "It is the greatest development of all our faculties." I would also say that there is no creation, even scientific, without poetic germination. —Saint-John Perse

La poésie n'est pas dans la réalité, elle est dans le rêve et l'illusion de l'homme, et la vie ne serait pas surmontable, pour l'homme, sans la poésie. C'est pour quoi, bons ou mauvais, il n'y a pas d'époque sans poètes. (*Le Livre de mon bord*, p. 72-73)

37

Le poète, conservateur des infinis visages du vivant. (*Feuillets d'Hypnos,* p. 40)

38

Un artiste original ne peut pas copier. Il n'a donc qu'à copier pour être original. (*Le Coq et l'Arlequin*, p. 39)

39

Le public, c'est le suffrage universel en art. N'était-ce pas assez de l'agréer pour maître en politique? (*Journal*, 15 février 1906)

40

Un grand écrivain est celui qui écrit des phrases inoubliables. (*Carnets*, Gallimard, p. 328)

41

L'art et la poésie ne sont là que pour puiser dans la nature ce que la nature ne fait pas. (*En vrac*, p. 87)

42

Le trait le plus marquant et le plus constant chez les artistes modernes, je veux dire depuis le temps où il est devenu honteux d'avouer un modèle — c'est le souci de l'originalité, du singulier, de l'individuel à tout prix. Or, il n'est que de regarder en arrière, parmi les oeuvres qui ont défié le temps. La personnalité d'un auteur, son apport durable, ne sont pas du tout dans ce qu'il a pu avoir de plus surprenant, de plus déroutant de prime abord. C'est, au contraire, cela qui vieillit le plus vite et devient insignifiant ou insupportable. (*En vrac*, p. 33)

Poetry does not exist in reality. It is in the dream and in the illusion of man and life. Life would not be bearable, for man, without poetry. That is why, good or bad, there is no epoch without poets. —Reverdy

The poet — keeper of the endless faces of living man. —Char

An original artist cannot copy. All he has to do then, to be original, is to copy. —Cocteau

The public has universal suffrage in art. Wasn't it enough to accept it as master in politics? —Renard

A great writer is one who writes unforgettable sentences.
—Montherlant

Art and poetry exist only in order to extract from nature what nature does not make. —Reverdy

The most striking and the most constant trait in modern artists — I mean since the time it has become shameful to follow a model — is the concern for the original, the odd, the personal, at any cost. Now, all you have to do is look back among the works which have defied time. The personality of an author and his lasting contribution do not lie at all in what he may have had that was most striking or most baffling at first sight. On the contrary, this is what grows old quickly and becomes insignificant or unbearable. —Reverdy

*Chapitre 18*

## PENSEES DIVERSES

1

Il doit y avoir une façon spéciale de lire les maximes: une page par jour, peut-être. (*Carnets*, Gallimard, p. 91)

2

Le XXe siècle a aboli la distance. Il l'a remplacée par les bureaux. (*Thèmes et variations*, p. 26)

3

Sans la liberté de blâmer, il n'y a pas d'éloge flatteur. (Adopté par le *Figaro littéraire* en manière d'épigraphe)

4

La machine est la plus inhumaine imitation de l'homme. (*En vrac*, p. 158)

5

Il vaudrait mieux se taire toujours. On ne dit rien quand on parle. Ou les mots dépassent la pensée, ou ils la diminuent. (*Journal*, 30 janvier 1908)

6

Le sentiment est la source des plus profondes certitudes. (*Définitions,* p. 194)

## Chapter 18

## MISCELLANEOUS THOUGHTS

1

There should be a special way of reading maxims: a page a day, perhaps. —Montherlant

2

The 20th century has abolished distance. It has replaced it with bureaucracy. —Gaxotte

3

Without freedom to criticize, there is no flattering praise. —Beaumarchais

4

The machine is the most inhuman imitation of man. —Reverdy

5

It would be better to be always silent. One says nothing when one talks. Words overstate or understate thought. —Renard

6

Feelings are the source of the most profound certainties. —Alain

Si tu as perdu ta journée, dis-le bien, et elle ne sera pas perdue. (*Journal*, 27 décembre 1896)

—On ne fait jamais ce qu'on veut.

—Heureusement! (Journal, premier novembre 1898)

Le paradoxe humain c'est que tout est dit et que rien n'est compris. (*Propos*, Pléiade, p. 434)

Je n'ai fait cette lettre si longue que parce que je n'ai pas eu le loisir de la faire plus courte. (*Lettres provinciales*, VI)

Rien ne sert de courir; il faut partir à point. (*Fables*, Le Lièvre et la tortue)

Les fortes brutalités de la nature ou des hommes peuvent nous faire pousser des cris d'horreur ou d'indignation, mais ne nous donnent point ce pincement au cœur, ce frisson qui vous passe dans le dos à la vue de certaines petites choses navrantes. *(Menuet)*

Rien ne ressemble à un creux comme une bouffissure. *(Nouveaux lundis*, t. 3, Chateaubriand)

Je veux que la mort me trouve plantant mes choux. (*Essais*, I, ch. 19)

Postérité! Pourquoi les gens seraient-ils moins bêtes demain qu'aujourd'hui? (*Journal*, 24 janvier 1906)

Si l'homme parfois ne fermait pas souverainement les yeux, il finirait par ne plus voir ce qui vaut d'être regardé. (*Feuillets d'Hypnos*, p. 33)

Tout, apport du hasard. Le hasard a construit mon œuvre, car c'est le hasard qui m'a fait rencontrer certains êtres et non d'autres, assister à certains événements et non à d'autres, lire certains livres et non d'autres, voir certains paysages et non d'autres. Mon expérience du monde, mon œuvre, sont le fruit d'un hasard un tant soit peu dirigé. (*Mors et vita*, p. 166)

### 7

If you have wasted your day, then say so, and it will not be wasted. —Renard

### 8

—One never does what one wishes.
—Fortunately! —Renard

### 9

The human paradox is that everything has been said and that nothing is understood. —Alain

### 10

I made this letter so long only because I did not have the leisure to make it shorter. —Pascal

### 11

There is no use running; one must leave on time. —La Fontaine

### 12

The great brutalities of nature or of men may make us utter cries of horror or indignation, but they do not give us this gripping of the heart, this shiver which passes through the spine at the sight of certain heartbreaking little things. —Maupassant

### 13

Nothing resembles a hollow like a swelling. —Sainte-Beuve

### 14

I want death to find me planting my cabbages. —Montaigne

### 15

Posterity! Why would people be less foolish tomorrow than to-day? —Renard

### 16

If from time to time man did not sovereignly close his eyes, he would end up by not seeing what is worth looking at. —Char

### 17

Everything — a product of chance. Chance has composed my work because it is chance which caused me to meet certain people and not others, witness certain events and not others, read certain books and not others, see certain landscapes and not others. My experience of the world and my work are the fruit of chance only a trifle controlled. —Montherlant

Le bien que nous aurions pu faire et que nous n'avons pas fait n'est-il pas aussi du mal? (*Le Bel Aujord'hui*, p. 20)

C'est effrayant comme on a de la peine, quand on est en bonne santé, à s'intéresser au mal des autres! (*Journal*, 16 février 1910)

La plupart des gens qui ont fait des livres, ne les ont faits que pour étudier eux-mêmes. C'est peut-être une des raisons qu'il y a tant d'ouvrages faibles. (*Voyage à Mont- bar d*, Solvet, p. 130)

Lorsqu'on est connu, qui vous connaît? Des inconnus et qui vous connaissent mal. La célébrité est une autre sorte de solitude, plus dangereuse. (*Atlas-Hôtel*, Acte I)

Le critique insulte l'auteur: on appelé cela de la critique.
L'auteur insulte le critique: on appelle cela de l'insulte. (Carnets, Gallimard, p. 318)

L'histoire est un roman qui a été, le roman est de l'histoire qui aurait pu être. (*Idées et sensation*, p. 96)

Ce que le vulgaire appelle temps perdu est bien souvent du temps gagné, comme a dit M. de Tocqueville. (*Le Monde où l'on s'ennuie*, Acte I, se. 5)

La culture est l'ensemble de toutes les formes d'art, d'amour et de pensée qui, au cours des millénaires, ont permis à l'homme d'être moins esclave. (*Discours devant le Congrès de l'Oeuvre du XX$^e$ siècle*, 1952)

Voir le monde, c'est juger les juges. (*Pensées et lettres*, présentées par R. Dumay, p. 141)

J'aime à lire comme une poule boit, en relevant fréquemment la tête, pour faire couler. (*Journal*, 20 février 1894)

## 18

The good which we would have been able to do and which we did not do, isn't it also an evil? —Julien Green

## 19

It is frightening how difficult it is, when one is in good health, to be interested in the ailments of others. —Renard

## 20

Most people who have written books, have written them only to study themselves. That is perhaps one of the reasons why there are so many feeble works. —Hérault de Séchelles

## 21

When you are known, who knows you? Strangers who don't know you well. Fame is another kind of solitude, a more dangerous one. —Salacrou

## 22

The critic insults the author: that is called criticism.
The author insults the critic: that is called insult.
—Montherlant

## 23

History is a novel which has been; the novel is history which might have been. —Les Goncourt

## 24

What the common man calls wasted time is often time gained, as Monsieur de Tocqueville[1] has said.
—Pailleron

## 25

Culture is the sum total of all the forms of art, of love, and of thought which, in the course of thousands of years, have permitted man to be less of a slave. —Malraux

## 26

To see the world is to judge the judges. —Joubert

## 27

I like to read as a hen drinks, raising the head frequently to drink it in. —Renard

1. French politician and writer (1805-69), author of DEMOCRACY IN AMERICA.

## 28

Chaque homme sait une quantité prodigieuse de choses qu'il ignore qu'il sait. (*Mauvaises pensées et autres*, p. 141)

## 29

Paul Morand, qui est sans doute l'un des observateurs les plus pénétrants de notre époque, a fait remarquer que le XXe siècle n'avait inventé qu'un seul vice nouveau, la vitesse. Je crois en effet qu'il faut en parler comme d'un vice, ou si l'on préfère, comme d'une passion. (*Aspects du XXe siècle,* p. 158) 156

## 30

Loué soit celui qui rit de lui-même, sans que ce soit pour prévenir le rire des autres. (*Carnets*, Gallimard, p. 73)

## 31

Nous n'arrivons pas à changer les choses selon notre désir, mais peu à peu notre désir change. La situation que nous espérions changer parce qu'elle nous était insupportable nous devient indifférente. (*Albertine disparue*, 1, NRF, p. 59)

## 32

Quand on sent qu'on n'a pas de quoi se faire estimer de quelqu'un, on est bien près de le haïr. (*Maximes*, IIe éd., 45)

## 33

La plus perdue de toutes les journées est celle où l'on n'a pas ri. (*Collection des plus belles pages de Chamfort*, p. 19)

## 34

Le plaisir est la face agréable de l'enfer; l'autre, la vraie, nous est cachée. (*Le Bel Aujourd'hui,* p. 126)

## 35

La plus grande chose du monde, c'est de savoir être à soi. (*Essais*, I, ch. 38)

## 36

Il est dangereux de s'habituer trop à prendre conseil. On finit par ne pouvoir plus se diriger seul. (*Carnets*, Gallimard, p. 360)

## 37

Le plaisir le plus délicat est de faire celui d'autrui. (*Caractères, De la Société et de la Conversation*, 16)

## 28

Each man knows a prodigious quantity of things which he does not know that he knows. —Valéry

## 29

Paul Morand,[2] who is undoubtedly one of the most penetrating observers of our time, has pointed out that the 20th century has invented only one single new vice-speed. As a matter of fact I believe that one must speak of it as a vice, or if you prefer, as a passion. —Siegfried

## 30

Blessed is he who laughs at himself without doing it to prevent the laughter of others. —Montherlant

## 31

We do not succeed in changing things according to our desire, but rather gradually our desire changes. The situation which we hoped to change because it was unbearable to us becomes indifferent to us. —Proust

## 32

When one feels that one does not have what it takes to win someone's esteem, one is very close to hating him. —Vauvenargues

## 33

The most wasted of all days is the one during which one has not laughed. —Chamfort

## 34

Pleasure is the agreeable face of hell; the other, the true one, is hidden from us. —Julien Green

## 35

The greatest thing in the world is to know how to belong to oneself. —Montaigne

## 36

It is dangerous to get too much into the habit of asking advice. One ends up by not being able to guide oneself. —Montherlant

## 37

The most delicate pleasure is to please others. —La Bruyère

2. French diplomat, writer, and world traveler. 1888-1976)

Un homme qui ne rit plus, à cause de circonstances extérieures, perd peu à peu sa vitalité, sa vitesse, sa bonté. (*Notes sur le rire*, p. 91)

Nous avons tous assez de force pour supporter les maux d'autrui. (*Maximes*, Vᵉ éd., 19)

Il vaut mieux remuer une question, sans la décider, que la décider sans la remuer. (*Pensées et lettres*, présentées par R. Dumay, p. 146)

Toutes les nations ont des raisons présentes, ou passées, ou futures de se croire incomparables. Et d'ailleurs, elles le sont. (*Regards sur le monde actuel*, p. 62)

[Si la civilisation] n'est pas dans le cœur de l'homme, eh bien! elle n'est nulle part. (*Civilisation*)

Les grands événements ne sont peut-être tels que pour les petits esprits. Pour les esprits plus attentifs, ce sont les événements insensibles et continuels qui comptent. (*Regards sur le monde actuel*, p. 101)

Ce qui fait la grandeur de l'homme, ce n'est pas sa raison, c'est la connaissance qu'il a de choses qui sont au-dessus de sa raison et de ses facultés imaginatives. (*Deux -pamphlets contre les bien-pensants,* p. 30-31)

ALBERT—Ma raison! . . . Ce qu'elle me montre le mieux, c'est la profondeur des ténèbres où nos regards se perdent ... Heureusement elle n'est pas mon seul moyen d'investigation. J'ai une imagination, j'ai un cœur, mon être est relié au monde par toute une trame frissonnante qui peut me renseigner mieux que ma raison. Dans la vie, est-ce elle qui vous conduit aux vérités les plus précieuses? Est-ce elle qui vous montre le bonheur dans le regard d'une femme? Les grands mots qui gouvernent tout: la gloire, l'honneur, est-ce la raison qui les souffle à notre oreille? Pasteur n'était pas un savant vulgaire, j'imagine, pourtant sa raison s'inclinait devant sa foi . . . Trouvez-vous que sans Dieu l'énigme du monde soit simplifiée? (*La Nouvelle Idole*, Acte II, se. 5)

### 38

A man who does not laugh any more, because of external circumstances, gradually loses his vitality, his quickness, his kindness.
—Pagnol

### 39

We are all strong enough to endure the misfortunes of others.
—La Rochefoucauld

### 40

It is better to raise a question without solving it than to solve it without raising it. —Joubert

### 41

All nations have present, past, or future reasons for thinking they are incomparable. And, moreover, they are. —Valéry

### 42

[If civilization] is not in the heart of man, well, then it is nowhere.
—Duhamel

### 43

Great events are perhaps great only for little minds. For more attentive minds, it is the imperceptible and continuous events which count. —Valéry

### 44

What makes the greatness of man is not reason. It is the knowledge which he has of things which are beyond his reason and his imaginative faculties. —Julien Green

### 45

ALBERT.[3] My reason! . . . What it shows me best is the depth of the darkness in which our discerning faculties are last . . . Fortunately, it is not my only means of investigation. I have an imagination. I have a heart. My being is bound to the material world by a highly sensitive web which can inform me better than my reason. In life, is it reason which leads you to the most precious truths? Is it reason which shows you happiness in a woman's face? The great words which govern everything — glory, honor — is it reason which breathes them into our ear? Pasteur was not an ordinary scientist, I imagine, however, his reason bowed before faith . . . Do you think that without God the enigma of the world is simplified? —Curel

3. Professor of medicine and main character In Curel's play. THE NEW IDOL.

*Index of Authors*

166

167

❦

## *About the Author*

My grandfather, Joseph Palmeri Ph.D, born in Italy in 1899, has long been a citizen of the United States. He had more then forty years teaching experience at the University of Wisconsin, Madison. He has written more than 11 books devoted to the teaching of French and Italian. Teaching to him more than just being able to speak the language fluently. He often said, "teaching French or English or anything is not so important as teaching how to think." My Grandfather not only taught you French he taught you the French culture giving the students exposer to the French mind by seasoning his texts with quotations from notable French writers. Briefly, these quotations combine information, culture, and mental stimulation while familiarizing the students with the names of notable French authors.

As a boy I loved being around him, even at the expense of shoveling his walk and mowing his yard in summer. I thought him to be a great thinker philosopher always sharing wise and wonderful things about life. I later discovered the source of his wisdom and flashes of wit. He was a student of the French literature quoting what others had written; by incorporating the French maxims into his own life, he lived a deeper richer more fulfilling life. May I encourage you do the same.

Daniel Higby
May, 2011